KAWADE
夢文庫

図解ハンドブック版

アプローチ
きちっと寄る絶対法則

驚きのスコアアップを約束するGOLF術

ライフ・エキスパート[編]

JN243337

河出書房新社

カバー写真●John P Kelly
／gettyimages
本文イラスト●渡辺隆司
協力●エディターズワーク
●佐藤圭悟

あなたも "寄せワン" の快感が味わえる! ●まえがき

　ゴルフにおいて、アベレージゴルファーとシングルハンデのゴルファーを比べたとき、技量の差がもっとも現れるもの。それがアプローチだ。

　アプローチは、スコアに直結している。だから、アプローチの技量の差は即、スコアの差、つまりハンデの差になる。

　アプローチは、成功すれば、たいてい "寄せワン" のパー、チップインならバーディーというご褒美（ほうび）がもらえるけれど、失敗すればボギーはもちろんダボという手痛い罰が待っている。カップまでの距離はわずか数十ヤードしかないというのに、アプローチが得意なゴルファーとそうでないゴルファーでは、下手をすると1ホールで3ストロークもの違いが出てしまうのだ。

　アプローチが苦手なゴルファーにとって、これほど悔（くや）しいこともあるまい。その気持ち、察するに余りあるけれど、なぜ、アプローチが苦手なのか?

　大きな原因として、アプローチは多様なライからボールを打たなければならないということがある。複合した傾斜、逆目の芝や枯れ芝、ベアグラウンドなど、ライによってはプロでも寄せることを諦（あきら）めなければならないケースがあり、ましてアベレージゴルファーともなれば、「どう打っていいのかわからない」となった

としても不思議ではない。

　そこで、本書では、じっさいのラウンドで想定されるアプローチの場面を数十に渡って取り上げ、そのひとつひとつに対して、正しいアドレスから打ち方まで、懇切丁寧に解説することにした。

　といっても、別に複雑なことを教授しようというのではない。この本を通読していただければ、アプローチショットは、

　❶斜面に対して垂直に構える

　❷クラブのソールを斜面に沿ってセットする

　❸肩を回して、左右対称にスイングする

　の３つの基本を守れば、大きなミスにはならないことがおわかりのはずだ。

　この〝アプローチの絶対法則〟を理解し、練習して自分のものにしてしまえば、アプローチは、むしろゴルフの大いなる楽しみになる。

　グリーンを外しても、確実に３打以内でホールアウトできるとなれば、グリーンを狙うショットも気楽に打てる。いや、気楽に打てる分、パーオン率は上がり、いつしかショットの内容までよくなるだろう。

　そう、アプローチが上手くなれば、それまでのゴルフが劇的に変わる！　この本を自分のものにしていただければ、あなたはきっとそう実感するはずである。

ライフ・エキスパート

【第2部】●どんな傾斜もこれでピタッ！──

30ヤードを 確実に寄せる技術

【エピローグ】
アプローチの賢いマネジメント術

第1部

●なるほど、そう攻めるのか──

アプローチショット
基本の法則

「花道から30ヤード」をなぜミスする?

　ピンまで30ヤード、フロントエッジまでは10ヤードという花道。そこにセカンドショットのボールが止まっている。

　傾斜はやや左足上がりだが、プロなら、10回トライして7回はパー、そして1回はチップインしそうなやさしいライである。

　アマチュアのあなただって、もちろんここは寄せワンを狙うはずだ。

　状況からすれば、ロブショットでボールを高く上げる必要もなければ、低く出て3バウンド目にピタリと止まるようなスピンの効いたアプローチショットを披露する必要もない。

　SW(サンドウェッジ)でロフトなりの高さのボールを20ヤードほどキャリーさせ、10ヤード転がしてもいいし、PW(ピッチングウェッジ)でキャリーとランを15ヤードずつ見てもいい。

　ともかく、アプローチの基本中の基本さえできれば、黙っていてもボールはカップに寄りそうな状況なのだが、にもかかわらずアベレージゴルファーは、ここでとんでもないミスをやらかしてしまうことが多い。

　なぜかボールを上げようとしてザックリ、インパクトが緩んでこれまたザックリ。

　そうかと思うと、切り返しから突然スイングが速くなってトップ、結果が見たくてヘッドアップしてやはりトップ。そして最悪の場合は、シャンクしてまさかのＯＢ……。

　かくして、このホールの寄せワンは絵に描いたモチに終わり、結果は〝ダボオン、２パット〟の、まさにダボということに相成る。

　プロなら、同じ状況からパーからバーディーまでありえたというのに、こちらは残り30ヤードに４ストロークも費やしてしまう……。

「あーあ、もったいない」

　というタメ息が出るのも当然だが、さて、あなたはこんなタメ息を１ラウンドにつき、何回漏らしているだろう。

　１回につき、１〜２ストロークは損をしているから、３回で３〜６ストローク。５回なら５〜10ストローク。これでは、コンペの優勝も、ベストスコアの更新もまず不可能であることはいうまでもない。

「ライの観察」の重要性

　なぜ、残り30ヤード、花道からのやさしいアプローチをミスしてしまうのか？

　❶ボールの位置やスタンスの向きなど、セットアップに問題がある。

❷スイングに問題がある。

と考える人が多いはずだ。

たしかに、アプローチというと、なんでもオープンに構え、ボールを右足寄りに置いたり、手を使ってクラブでボールを突っつくような打ち方をしているアマチュアは多い。

そうした「技術」の間違いについては、次章以降で状況別に詳しく解説していくが、アプローチの場合、ミスの原因は、じつは技術以前の段階にあることが少なくない。

ひとつは「ライの観察の甘さ」である。

先の花道の例でいえば、一見するとよさそうなライに見えても、そのじつ芝が薄かったり、雨上がりで下が軟らかかったりすることに気づいていないと、たいていミスをしてしまう。

いずれの場合も、最初にボールをヒットする必要があり、少しでもダフリ気味に入ると、バンスがうまく滑ってくれないからザックリということになる。

芝の状態がよければ、バンスが弾かれることも、ヘッドがボールの下を潜ることもないのだが、先のようなライでは、じつはミスの許容範囲が意外なほど狭いのである。

つまり、アベレージゴルファーとしては覚悟を決めて臨まなければならないアプローチになるのだが、さ

て、あなたは、ライをよくよく観察した結果、「これはけっして簡単ではないぞ」という覚悟があっただろうか。覚悟がなければ、そのための打ち方をイメージすることもできず、結果としてザックリやってしまうのは、まあ当然だろう。

「成功のイメージ」を持つ

　もうひとつ、アプローチでミスをする原因がある。「イメージの欠如」だ。

　アプローチというのは、アドレスに入る前に、頭のなかに「完璧な成功イメージ」がなければ絶対に成功しない。

　ボールのライを観察し、カップまでの距離や傾斜を見て、「寄るボールの球筋」をイメージする。具体的には、出球の高さとボールの速度、具体的な落下地点、落下してからボールが転がっていくラインとそのときのボールの速さ、スピンのかかり具合などを鮮明な映像として頭に思い浮かべるのだ。

　アプローチでは、アドレスに入る前に、これらのイメージを、素振りをくり返しながら鮮明にしていく作業が絶対に必要。なぜなら、成功イメージがなければ、選択すべきクラブも打ち方もイメージできないからだ。

　もちろん、じっさいはなかなかイメージ通りには打てないものだ。しかし、少なくともイメージがないこ

とには、たとえ成功したとしても、それは偶然でしかない。

よく「感じを出しすぎ」てミスするゴルファーがいるけれど、「感じ」つまり「イメージ」がないより、ずっとましなのである。

イメージとじっさいのスイングを近づけること——それが「ゴルフが上手くなる」ということの本質であり、技術のレベルとは無関係に、ゴルファーなら誰もがショットの前に「成功のイメージ」を持たなければならない。

たとえば韓国の若手プロゴルファーは、アマチュア時代、「アプローチではカップインのイメージができるまで打つな」とまで指導されるという。

こんな話を持ち出すと、「自分にはボールの高低を打ち分けるテクニックも、スピンをかける技術もないから、球筋などイメージしようがない」と言う人がいる。

そんなことはない。誰でもひとつくらいは得意というか、いつもやっているアプローチがあるはずで、たとえば9番アイアンで転がすのが得意な人なら、そのやり方で寄せるには、どこにボールを落とせばいいかだけをイメージすればいいのだ。

もちろん、9番の転がしではOKには寄りそうもないケースもあるだろう。しかし、それならそれで、SWでボールを少しだけ高く上げる場合と9番アイアン

技術より大切な「ライの観察」と「成功イメージ」

で転がす場合のリスクを計算して、あなたにとっての「ベターな方法」を選べばいいだけの話だ。

いずれにせよ、こうして「寄るイメージ」と「そのためのスイングのイメージ」が鮮明になれば、あとはそのイメージをじっさいのスイングで再現しようとするだけだ。

そのさい、一切の躊躇は無用。プロでも、ときにアプローチをミスするのは、たいていイメージを鮮明にできなかったり、迷いがあるときだ。

そんなときは、これから自分がやろうとしているスイングに自信がないため、インパクトが緩んだり、ヘンな力みが入ってしまうというわけである。

15

「30ヤード」を極めよう

「技術」以前に、ライの観察と成功イメージを持つことの重要性について述べたが、ここでもう一度、じっさいのラウンドを振り返ってみよう。

アベレージゴルファーの場合、1ラウンドでパーオンするのは、2〜3ホールというところだろう。ということは、アプローチをしなければならない機会は、15〜16回はあるということになる。

そのなかで、もっとも多いのは、おそらくピンまで30ヤード以内というケースのはずだ。

パー3のホールで考えてみれば、アベレージゴルファーの場合、アイアンの左右の曲がり幅は、それぞれ30ヤードくらいまで。タテ距離についても、ダフって30ヤードショート、トップしても30ヤードオーバーといったところがミスの上限（下限?）のはずである。

つまり、グリーンを狙うショットの場合、アベレージゴルファーは、ピンを中心に半径30ヤードの円のなかにはボールを止められるということ。これを下手と思うか、けっこう上手だと思うかは読者の判断にまかせるとして、問題は、そこからどうすれば3打以内でカップインできるか、である。

「3打以内」という意味は、「2打（寄せワン）」や「1打（チップイン）」もあるということ。半径30ヤードの

円から、平均して3打以内でホールアウトすることができれば、その日のスコアは、かなり満足のいくものになることは間違いない。

もちろん、半径30ヤードの円のなかには、左足上がり、左足下がり、つま先上がり、つま先下がり、これらの複合傾斜、さらには逆目、順目、枯れ芝、ベアグラウンドなど、無限といっていいほどのさまざまなライがあり、だからアプローチを極めるのは簡単ではないのだが、さまざまなライからの打ち方は次章で詳しく解説するとして、ここでは「30ヤード」のアプローチで絶対に死守すべきことを頭に叩き込んでおいてほしい。

それは「とにかくグリーンに乗せること」だ。

たとえばバンカー越えの30ヤードの場合、最悪なのは、ショートしてバンカーに入れること。バンカーの縁からピンまで5〜6ヤードしかないような難しいショットでは、プロでもロブショットをショートさせて、バンカーに入れてしまうことがあるけれど、これは「優勝するためにはパーを取るしかない」というような状況だから、彼らは賭けに出たのだ。

彼らだって、バンカーに入れてしまえば、ダボもありうることは重々承知している。そのうえで、彼らはパー（あわよくばバーディー）を取るために賭けに出るのだ。

しかし、アマチュアに、こんなギャンブルが必要だろうか。

　もちろん、スコアを気にしない〝楽しいゴルフ〟が目的なら、そういうショットにチャレンジするのもいい。しかし、あくまで「いいスコアで上がる」ことが目的であれば、ここは「とりあえずグリーンに乗せておいて、２パットのボギーでOK」というのがアマチュアの取るべき戦略のはずである。

　とにかく、アプローチはグリーンに乗せることを第一に考えよう。

　グリーンに乗りさえすれば、あとはパター勝負。アベレージゴルファーだって、10メートルを１パットでカップインさせることはありうる。少なくとも、パターならザックリやトップはないわけで、グリーンに乗りさえすれば、３打以内でホールアウトできる可能性はグンと高まるのだ。

チップショットが簡単な理由

　というわけで、ここからは「技術」の話になる。

　30ヤード以内のアプローチには、ふつう３つの方法が考えられる。

　❶低く、キャリーの少ないボールで転がして寄せるチップショット

　❷ロフトなりの高さのボールで〝上げて転がす〟ピ

ッチショット

❸ボールを高く上げて、ランがほとんど出ないロブショット

このなかで、アベレージゴルファーが最初にマスターすべきなのがチップショットだ。

理由は簡単。このショットが、もっともミスする確率が低いからだ。

打ち方は、

❶両足をほぼ揃えてスタンスを取り、ややオープンに構える。

❷ボールは胸の中心より右にセット（右胸の真下）。すると、21ページ上のイラストのようなハンドファーストの構えができあがる。アドレス時の体重配分は、やや左足体重。左5.5～6、右4.5～4くらいだ。

❸コックは一切使わず、アドレスでつくった肩と両腕の三角形をキープしたまま、振り子のようにスイングする。

❹スイングの幅（トップにおけるヘッドの位置）は、最大で膝の高さ。意識としては、ロングパットを打つ感じと同じだ。

❶でスタンスをややオープンにするのは、そのほうがクラブを振り抜きやすいからだ。つまり、オープンなのはスタンスだけで、肩（胸）の向きは飛球線と平行でなければならない。

❷でボールを右胸の下にセットするのは、チップショットではボールを上げる必要はなく、ややダウンブロー気味に確実にボールをヒットしたいからだ。イメージとしては、ヘッドの〝面〟でボールの右側をヒットするようなつもりでいい。

　パットがそうであるように、チップショットでもヘッドは最初にボールをヒットしなければならないが、最大で膝の高さまでしか振らないから、ダフったり、トップしたりする確率が少ない。だから、ビギナーやアベレージゴルファーは、何はともあれ、このアプローチショットからマスターすべきというわけだ。

　それでもチップショットでミスが出るのは、❸のところがアバウトだからだ。

「肩と両腕の三角形をキープして、振り子のようにスイングする」ためには、セットアップのときからインパクトまで、左腕は終始真っ直ぐ伸びていなければならないし、手首の角度も変えてはならない。

　ところが、多くのアベレージゴルファーは左腕が伸びていなかったり（余っていたり）、手首の角度を変えたり、さらに肩の回転ではなく、手でヒョイとクラブを上げたりするため、最初にセットしたところにヘッドが帰ってこない。つまり、ダフったり、トップしたりしてしまうのだ。

チップショット
の打ち方

使用クラブ→PW
キャリー5y、ラン10y

アドレス

スタンスの幅は狭く、
ややオープンに構えるが、
肩の向きはスクエア

ボール位置

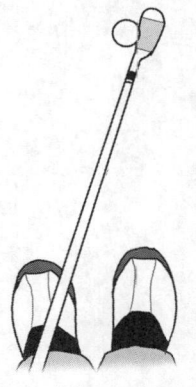

右胸の下

アドレス

やや左足体重。
左腕を真っ直ぐ伸ばす

インパクト

ヘッドの"面"で
ボールの右側を
ヒットするイメージ

肩と両腕の三角形を
キープし、ノーコックで
肩を回す

スイングの大きさは
左右対称。
テンポも同じ

23

クラブはエッジからカップまでの距離で決める

ミスの危険が少ないチップショットだが、このショットにはひとつだけ弱点がある。それは、このショットが使える範囲が、ある程度限られるということである。

チップショットに使うクラブはSWから5番アイアンくらいまで幅があるが、いずれの場合もキャリーさせる距離は最大で5ヤード程度にしておきたい。

それ以上キャリーさせようとすると、スイングが大きくなり、それだけ難度が上がる。

とくに7番〜5番アイアンなどの長いクラブで5ヤード以上キャリーさせようとすると、ランの見当がつきにくい――というか、じっさいは転がりすぎてグリーンをオーバーしてしまうことのほうが多いはずだ。

というわけで、簡単なチップショットが使えるのは、グリーンエッジまでの距離が5ヤード以内というケースに限っておくのが無難だろう。

どのクラブを使うかは、ボールの落下地点からカップまでの距離で判断する。

たとえば、ボールがグリーンエッジまで3ヤードのところにあり、カップはエッジから10ヤードのところに切ってあるとすれば、「キャリー5ヤード、ラン8ヤード」になるようなクラブを選択すればいい。

　これが、カップがグリーンエッジから20ヤードのところに切ってあれば、「キャリー5ヤード、ラン18ヤード」になるようなクラブを選択すればいいというわけである。

　以下、チップショットで5ヤード、キャリーさせた場合の、クラブ毎（ごと）のランの目安を記しておく。

- ・ＳＷ……5ヤード
- ・ＡＷ……7〜8ヤード
- ・ＰＷ……10ヤード
- ・9Ｉ……13ヤード
- ・8Ｉ……16ヤード
- ・7Ｉ……19ヤード
- ・6Ｉ……22ヤード
- ・5Ｉ……25ヤード

　5ヤード、キャリーさせるためのクラブの振り幅は、ＳＷがもっとも大きくなり、だいたい膝の高さくらい。

　これが、クラブが長くなるほど振り幅は小さくなり、5Ｉではヘッドが地面から10センチくらい上がるだけの小さなスイングになる。ロフトが少なくなる分だけ、ボールは低く出るが、スピン量が減って前に進む力が強くなるため、よく転がる。

　逆に言えば、ＳＷで振り幅を小さくすれば、キャリー2ヤード、ラン3ヤードといったチップショットも可能だ。

プロが、カラーにあるボールを５〜６ヤード先のカップに寄せるときは、このチップショットを使うことが多い。なぜパターを使わないのかといえば、ＳＷのチップショットには多少なりともスピンがかかり、下り斜面でもボールが止まりやすいからだ。

　同じように、ＰＷでもスイングを小さくして、キャリーを２ヤードにすれば、ランは５〜６ヤードになるし、７Ｉでその距離を転がそうと思えば、１ヤード先にキャリーさせればいい。

　もちろん、これはあくまで目安であり、じっさいに転がる距離はゴルファーによって微妙に違う（体格や腕の長さ、持って生まれたスイングテンポなどの違いによる）。

　さらに、ヘッドスピードによっても、転がる距離は違ってくる。小さなスイングでもヘッドスピードを上げれば、出球の初速も上がってボールはよく転がるし、ゆったりとしたリズムでスイングすれば、出球のスピードが落ちて、さほど転がらなくなる（スイングのスピードを変えても、バックスイングとダウンスイングは等速でなければならないが）。

　このほか、フェイスの開き具合を少し変えるなど、１本のクラブでもボールの位置やスイングはまったく変えずに、さまざまな距離のチップショットが打ち分けられる。

そのあたりは、自分でいろいろ試してほしい。いろんなクラブを同じ振り幅でスイングして、キャリーとランの違いをチェックする。あるいは、ボールの落とし場所は同じにして、クラブによるランの違いをチェックする。チップショットが上手くなるためには絶対に欠かせない練習である。

FWやUTを使ったチップショット

チップショットに使うクラブは、ＳＷから５Ｉのほかにも、じつはフェアウエイウッド（ＦＷ）やユーティリティ（ＵＴ）という場合もある。

これらのクラブが使われるのは、ボールがカラーのすぐ外側にある逆目のラフなどにあり、ウェッジではボールがうまく上げられなかったり、ザックリやってしまう危険がある場合だ。

ＦＷやＵＴはソールが広いため、ラフの抵抗をさほど受けずに、ボールをヒットできる。

しかも、ＦＷやＵＴにも、１５度〜２３度くらいのロフトがあるから、パターのような打ち方でボールをヒットしても、５センチくらいはボールが上がる。つまり、ラフを越えるだけの高さが出るため、グリーンやカラーにキャリーさせて、転がしながら寄せることができるというわけだ。

ただし、その距離感はひじょうに微妙だ。ヘッドが

大きく、ロフトが少ないだけに、小さなスイングでも
ヒットしたボールに伝わるエネルギーが大きくなり、
想像以上に転がってしまう。

　ＦＷやＵＴをチップショットに使うためには、練習
で、どのくらいのスイングをするとどれくらいのキャ
リーとランが出るのかを確認しておくことが絶対に必
要。

　打ち方は、クラブを短く持って、パターのように振
るだけ。しごく簡単だから、距離感さえ出るようにな
れば、大きな武器になってくれることは間違いない。

バンプ＆ランにも使えるチップショット

　チップショットには、こんな使い道もある。バンプ
＆ラン。いわゆる「ワンクッション入れる打ち方」で
ある。

　チップショットの原則は、最初にグリーンにボール
をキャリーさせることだが、次ページのイラストのよ
うなケースでは、チップショットによるバンプ＆ラン
を使うプロが多い。ライさえよければ、こうした状況
ではロブショットが多用されるが、芝が薄いなどロブ
は無理となると、バンプ＆ランしか寄せる策がないの
だ。

　使用するクラブはＰＷから９Ｉ、８Ｉあたり。ある
程度強いボールで５ヤードくらいキャリーさせて斜面

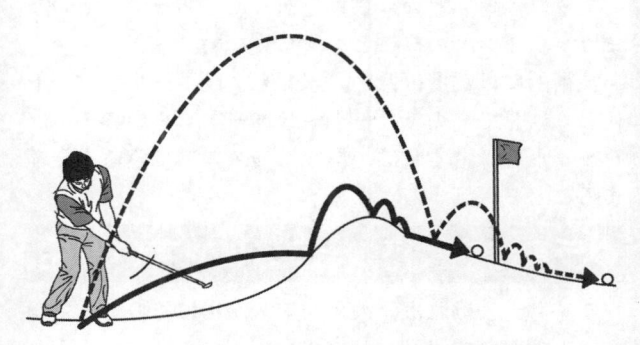

「上げにくい」「上げても止まらない」ときは
バンプ&ランの出番

に当て、2バウンド目でグリーンに乗せる。しかし、ボールは勢いを失っているから、下り斜面をトロトロ転がってピンに寄る、というイメージである。

　もっとも、この手のショットはボールがワンバウンドしたあとどうなるかが予測しづらい。だから、プロは、打つ前にボールをぶつける地点まで行って、斜面の硬さや凹凸を自分の足の裏で確かめ、斜面にボールをぶつけたあとの球の行方を予測するのだが、それでもまあ、ギャンブルには違いない。

　いずれにせよ、チップショットは、とくにグリーン周りからのアプローチでは絶対に欠かすことのできないショットだ。

「チップイン」という言葉もあるだけあって、そのままカップインということも珍しくない。

　技術的には難度は低い。家でも、段ボールをマット代わりにして、キャリー1〜3ヤードくらいのチップショットを練習すれば、あなたのスコアはみるみる縮まることを保証する。

クラブを短く持つとミスしやすい理由

　ライさえよければ、大きなミスが出にくいチップショットだが、アベレージゴルファーのなかには、それでもチャックリやってしまうケースがある。

　理由としてもっとも多いのは、クラブの持ち方と構え方。チップショットでミスするゴルファーは、クラブを短く持ちすぎている場合が多いのである。

　たしかに、5ヤードほどボールをキャリーさせるチップショットは、小さな振り幅で確実にボールをヒットしさえすればいい。だから、そのためには「クラブを短く持ったほうが確実性が上がる」という考えもわからないではない。

　しかし、クラブを短く持つと、その分だけ前傾角度が深くなる。すると、インパクトで上体が起きやすくなり、チャックリやトップということになりやすいのだ。

　また、クラブを短く持つと、どうしてもグリップに

力が入りやすい。グリップを強く握れば、クラブの動きを手と腕の動きでコントロールせざるをえなくなり、これはすでに述べたように〝手打ち〟と同じ。プレッシャーに弱い手や腕に、微妙な距離感をコントロールする能力はない。結果、インパクトが緩んだり、力んだり、いろんなミスの原因になる。

チップショットも、ヘッドの動きは自然な振り子運動でなければならない。そのためには、クラブはいつもの長さで握り、前傾角度もふだん通りであるべき。ふつうのショットとの違いは、クラブの振り幅、つまり肩の回し具合だけなのだ。

ただし、7IやFWなどウェッジより長いクラブでチップショットをするときは例外。長いクラブでチップショットをするときは、ウェッジで打つときと同じようなボールの位置と前傾角度になるよう、クラブを短く持つのが自然だ。

ピッチショットは〝スイングの基本〟

チップショットの次にマスターすべきは、ピッチショット。ボールを上げて寄せるショットで、これにランも加味したのが、いわゆる「ピッチ&ラン」だ。

使用するクラブはSWからPWくらいまで。チップショットでは、SWからPWでカバーできる距離は、5～15ヤードくらいまでだが、ピッチショットになる

と、それが10〜50ヤードくらいまでに広がる。もちろんその分だけスイングは大きくなり、限りなくふつうのスイングに近づくわけだ。

前に、アマチュアでアプローチショットをしなければならないのは、カップから半径30ヤードの円内という話をしたが、グリーンを少しだけ外した場合はチップショットが使えても、グリーンから10ヤード以上離れると、ピッチショットや後述するロブショットで寄せなければならなくなる。

アマチュアの場合は、ピッチショットのほうがチップショットよりずっと使う機会が多いことはいうまでもない。ピッチショットさえマスターすれば、アプローチの8割くらいは対処できるという説もあるほどで、このショットをマスターしないことにはスコアは絶対に縮めることはできない。

ピッチショットの打ち方は、

❶両足を靴1足分の間隔を開けて、ややオープンに構える。

❷ボールは真ん中（胸の中央）。体重配分は、左5・右5。

❸コックは一切使わず、肩と両腕の三角形をキープしたまま、振り子のようにスイングする。

❹スイングの幅（トップにおけるヘッドの位置）は、キャリーさせる距離によって、膝の高さから腰の高さ

くらいまで。

❶でスタンス幅をチップショットより少し広げるのは、それだけキャリーを出すため。またスタンスをオープンに構えるのは、チップショットと同じく、クラブを振り抜きやすくするため。もちろん、肩（胸）の向きは飛球線に平行である。

❷で、ボールを真ん中（胸の中央）にセットするのは、そこがスイングの最下点になるからだ。チップショットでは右胸の下にボールをセットすることで、ボールをクリーンにヒットして、出球を低くしたが、ピッチショットでは、ロフトなりの高さでボールを上げる必要がある。そのためには、ボールの真下がスイングの最下点でなければならず、だからボールを胸の中央にセットするわけである。

ピッチショットは、ヘッドが最初にボールの右面をヒットしたあと、ボールの下（最下点）にリーディングエッジを潜り込ませるようなイメージが必要。それによって、ボールは初めてロフトなりの高さが出て、スピンもかかるというわけである。

この〝インパクトのメカニズム〟は、ふつうのアイアンショットとまったく同じ。ピッチショットがふつうのアイアンショットと違うのは、コックを使わないことと、スイングが小さいことくらいだ。

そのため、プロのなかには、たとえばSWによる30

ヤードのピッチショットを〝スイングの基本〟とみなして、何度もくり返し練習する人も多い。

距離を打ち分ける3つの方法

ピッチショットでは、キャリー10〜50ヤードくらいの幅を打ち分けなければならない。つまり、ピッチショットを成功させるためには距離感がもっとも重要なポイントになるわけだが、では、その距離感はどうやってつくるのか？

ふつう距離を打ち分けるためには、

❶クラブ（ロフト）を替える

❷振り幅を変える

❸スイングの速度を変える

の3つの方法がある。

❶については、ウェッジを右腰から左腰の高さまでスイングしたときのキャリーとランの関係は、たとえば次のようになる。

・ＳＷ……キャリー30ヤード、ラン10ヤード

・ＡＷ……キャリー40ヤード、ラン13ヤード

・ＰＷ……キャリー50ヤード、ラン15ヤード

❷なら、ＳＷの場合は、たとえばこんな感じだ。

・膝から膝……キャリー10ヤード、ラン5ヤード

・腰から腰……キャリー30ヤード、ラン10ヤード

スイングが大きくなると、ヘッドスピードが上がる

ピッチショット の打ち方

使用クラブ→SW
キャリー20y、ラン10y

距離に比例して
スタンス幅が広がる。
ややオープンに構えるが、
肩の向きはスクエア

ボール位置

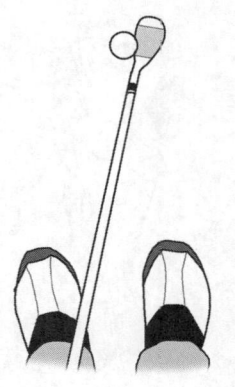

胸の真ん中

体重配分は左右均等。
ハンドファーストに
しすぎない

ヘッドの最下点は、
ボールの真下

36

トップ

キャリーさせる距離は
肩の回し具合で
コントロール

フィニッシュ

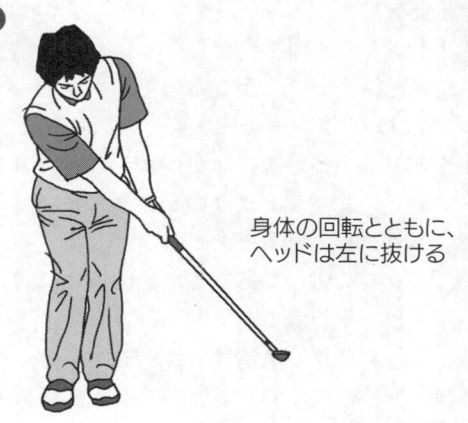

身体の回転とともに、
ヘッドは左に抜ける

ため、その分だけスピンが増え、ボールが意外に止まる。

　❸は、文章では伝えにくいが、腰から腰までのスイングでもＳＷをスローモーションのようにスイングすれば、"死に球"といって、キャリーが5ヤードくらいしかないボールも打てる。

　しかし、スイングの速度を変えるのは、かなりの高等テクニックで、アマチュアには失敗のリスクが高い。

　かといって、50ヤード以内の距離をいちいちクラブを替えて打つのも面倒なのは事実。

　じっさい、プロがウェッジを使い分けるのは、距離感を出すためではなく、ライの状態によって「ＳＷよりＰＷのほうがミスする確率が低い」とか「木の枝が邪魔をして、高さが出せない」などの場合。プロでも、ライがよく、障害物がなければ、いちばん使い慣れたＳＷを使ったほうが寄るのだ。

　プロがアプローチにＳＷを選択することが多いのは、ＳＷがもっともスピンがかかるからだ。ＳＷはほかのウェッジよりピンに近いところにキャリーさせて、なおかつそのボールを止めることができる。カップが難しい位置に切ってあっても、いちばん対処できるのがＳＷというわけである。

　このあたりの事情はアマチュアにとっても同じ。ＳＷならＳＷだけで、さまざまな距離を打ち分けられるよう練習してほしい。

距離感は "肩の回し具合" でつくる

　ただし、問題は、距離感の出し方にある。

　前に距離を打ち分けるための方法として「振り幅を変える」という話をしたが、じつは「振り幅」という言葉が曲者（くせもの）なのかもしれない。「振り幅」→「振る」→「手や腕を使う」というわけで、アマチュアは、「振る」という動作の主体を手や腕だと思いやすい。その結果、肩（身体）の回らない "手打ち" になってしまうのだ。

　たしかに、アプローチの場合は、飛距離はいらないのだから "手打ち" でも成功することはある。

　しかし、再現性という点では、肩の回転で打つ打ち方とくらべると決定的に劣る（おと）。なぜなら、手は器用ではあっても、いや器用であるがゆえに自在に動かすことができるからだ。これでは、スイング軌道は安定しない。つまり再現性が低いのだ。

　さらに、手は繊細（せんさい）だから、プレッシャーに弱いという弱点もある。パッティングでは、プレッシャーがかかる場面でよく「手が動かなくなる」ということがあるけれど、同じことはアプローチでも起こる。プロゴルファーでも、ザックリを何度かくり返すうちに「アプローチ・イップス」になってしまうケースがあるほどだ。

　本当のことを言えば、ゴルフのスイングでは、ある

意味で手や腕は動かなくてもいいのだ。なぜなら、スイングの主体（動力源）は身体であるべきで、手や腕は身体につながっている、振り子でいえば紐の部分でしかないからだ。

　だから、アプローチ・イップスにかかったゴルファーは、正確に言えば「手が動かない」と言うよりも、「手が勝手に動く」と言うべきかもしれない。たとえば、ダウンスイングの速度を急に速めたり、インパクトでヘッドに急ブレーキをかけたり、手首を急に返したり。これでは、ミスしないほうが不思議なほどである。

　英語のゴルフ用語に「dead hand」という言葉がある。文字通り「手を殺す」という意味で、アプローチショットでは、しばしばキーワードとして使われている。

　ピッチショットの距離感は、手を殺して、あくまで肩（身体）の回し具合でつくるべきだ。

　手や腕は、セットアップの状態をキープしているだけで、あとは何もさせないという意識でいい。そして、たとえば「肩を30度回せば、30ヤード」「45度なら、40ヤード」のように、あくまで肩を回す角度で距離感をつくるようにする。

　肩はいつも同じようにしか回らないから、手や腕が何もしなければ、肩の回し具合だけでスイングの大き

グリップエンドをみぞおちに当ててスイングすると、
肩を回す感じが体感できる

【"手打ち"はNG】

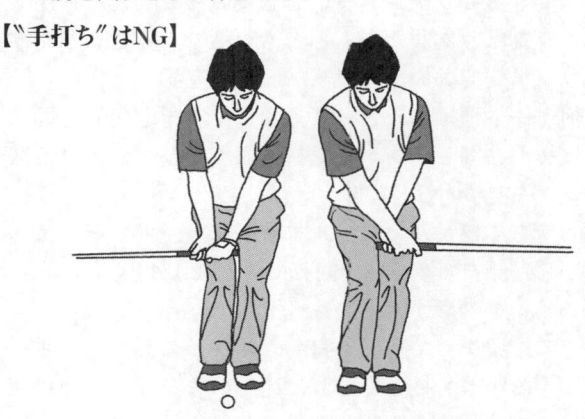

手だけでクラブを上げると、距離感が一定しない
だけでなく、ダフりやトップなどのミスが出やすい

さが決まり、それがすなわち距離感の目安になる。

　もちろん、手に「何もさせまい」として、グリップを強く握りしめるのもよくない。セットアップ時の手首の角度が保てるくらいの力加減で握り、腕と肩は完全に脱力させておこう。

“基準の距離”を見つける方法

　10〜50ヤードの距離を打ち分けるピッチショットでは、距離感のベースになるような“基準の距離”があったほうがいい。

　“基準の距離”を見つけるには、あなたがもっとも自然にできるピッチショットをしてみることだ。使用するクラブは、あなたがもっとも得意でもっとも多用するウェッジでいい。

　何ヤード飛ばそうとは考えない。行きも帰りも同じスピード、同じテンポで気持ちよくクラブが振れるスイングを見つけよう。

　おそらくほとんどのゴルファーにとって、それは右腰から左腰までの、肩の回転でいえば45度くらい回ったスイングのはず。

　そのスイングで何発も打ち、ボールの高さも、キャリーする距離も揃ってくれば、そのキャリーの距離があなたの“基準の距離”になる。

　たとえば、“基準の距離”が「ＳＷでキャリー30ヤ

ード」だとすれば、あとはクラブを替えるなり、肩を回す角度を調整するなりすれば、10ヤードから50ヤードくらいまでのピッチショットは、自在に打ち分けられるようになる。

ピッチショットで「ザックリ」してしまう理由

ここで、ピッチショットのミスについて考えてみよう。ピッチショットで、もっとも多いミスはダフること。ただ、「ダフり」にも2種類あって、ひとつはボールの手前にリーディングエッジが刺さってしまうケース。「ザックリ」とか「チャックリ」とも言い、ボールの手前の芝がめくりあがるだけで、ボールが飛ばない。「ザックリ」の原因は、たいてい次のふたつだ。

ひとつは、セットアップでのハンドファーストの具合が強すぎて、45ページ下のイラストのようにインパクトでロフトが立ち、結果としてリーディングエッジがボールの手前に刺さってしまうケース。

これは、ボールの右端がスイングの最下点だとカン違いしているゴルファーがよくやるミスで、この場合は、下が硬いとリーディングエッジが跳ね返されて、トップしてしまうこともある。

また、ボールを右に置いて、上から打ち込もうとした場合もザックリしやすい。ボールを右に置くのは、ダフるのがイヤだからだろうが、上から打ち込もうと

すれば、ヘッドの入射角度が鋭角的になるから、どうしてもリーディングエッジが上から落ちてくる感じになる。これでは、ボールを右に置いてもダフってしまうのである。

別な言い方をすると、上から打ち込むために、クラブを手で持ち上げている、つまり手打ちのせいでザックリしているとも言える。

グリップはセットアップのままの状態で、ノーコックで肩の回転だけでバックスイングすれば、ピッチショットのスイング幅ではヘッドはそうは高くは上がらない。イメージとしては、ヘッドは飛球線後方に低く、地面と平行移動していくような感じでいい。

そうすると、インパクトの入射角度がゆるやかになって、リーディングエッジが刺さるということは一切なくなる。

また、ボールを右に置くのもやめたほうがいい。たしかにプロはボールを真ん中より右寄りに置いているように見えるが、これはスタンスがオープンであることによる目の錯覚。ピッチショットの場合、ボールはあくまでスイングの最下点（胸の真下）にあるべきなのだ。

ボールの真横から入ってきたフェイスの下部が最初にボールの右面にコンタクトし、その後、ボールの真下（最下点）に潜り込んでソールが芝を薄く削り取る。

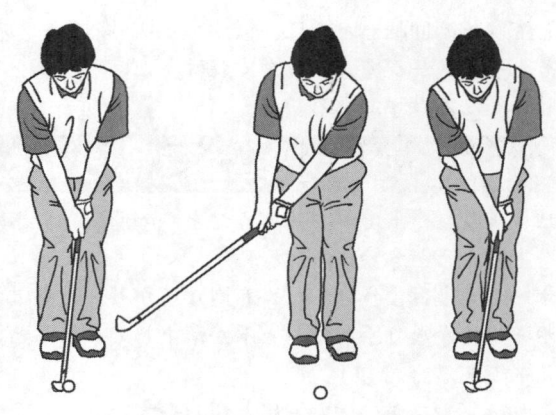

ヘッドは飛球線後方に低く引いていく

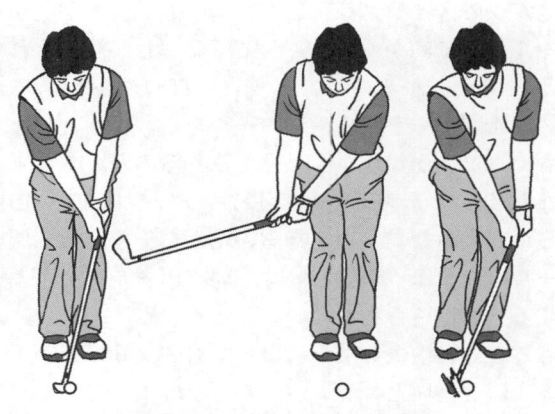

ハンドファーストが強いと、歯が刺さりやすい

そして身体の回転とともに、低く左に抜ける――。

そんなイメージでスイングすれば、二度とザックリはしなくなるはずである。

ボールは「上げよう」としなくても「上がる」

ピッチショットでダフるもうひとつの原因は、ボールを上げようとすること。

ボールを上げようとして、右肩が下がり、結果としてボールのかなり手前にヘッドが落下してダフるというミスである。

これはゴルフ歴の浅い人ほど犯しやすいミス。そういう人はまだクラブのロフトが信じられないのだ。

ゴルフのスイングは、どんな場合もヘッドが上からボールの下に向かって落下してくる。しかし、それでもボールが上がるのは、ヘッドにはロフトがあるから。ゴルファーが無理やりボールを上げようとしなくても、ロフトがボールを上げてくれるのだ。

ましてピッチショットで使うウェッジは50～60度くらいの大きなロフトがあるのだから、むしろ、低いボールを打つほうが難しいくらい。ボールを上げようとする必要はさらさらない。

もっとも、中級レベルになっても、グリーンが1メートルほど高いと、ついボールを上げようとしてダフってしまうことがある。ＳＷならふつうに打っても1

左はスタンスがスクエア 右はオープン。
どちらもボールは胸の中心にセットしているが……

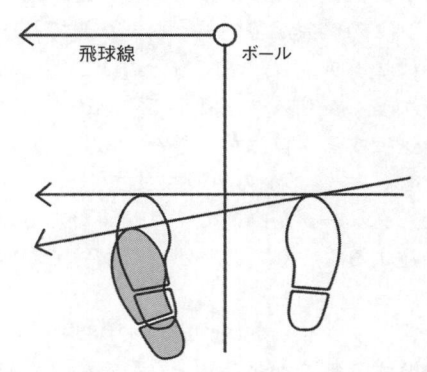

飛球線　ボール

スタンスをオープンにすると、
ボールを右足の前にセットしているように見える

メートル以上の高さが出るということを忘れてしまうのだから、「ボールを上げようとする」のは、アマチュアにとってかなり根の深い悪癖(あくへき)なのかもしれないが。

ロブショットには危険がいっぱい

　ボールが高く上がり、落下してもほとんどランの出ないロブショット。プロゴルファーにとっては大いなる見せ場である。

　しかし、じっさいのラウンドで、ロブショットをしなければならない機会というのは、じつはプロでもそうあるものではない。

　ゴルフ中継では、各選手がロブショットを成功させたシーンを何度も見せるから（なにせ見せ場ですから）、ロブショットの機会が多いような気がしてしまうが、じっさいはピッチショットでもそこそこ寄せられる状況のほうが多く、リスクを考えて〝高めのピッチショット〟を選択するプロはたくさんいる。

　たしかに、エッジからカップまで5ヤードしかなく、しかもグリーンが高速で下り傾斜なんていう場面では、後述するような「スーパーロブ」でなければまず寄らない。

　しかし、ロブショットは、成功すれば拍手をもらえるが、失敗するリスクがひじょうに高い。なぜなら、ＳＷのフェイスを極端に開き、なおかつボールの手前

にヘッドを入れるため、地面が少しでも硬いとバンス
が弾かれてトップ。

　仮にうまくボールの下にヘッドを入れられても、ボ
ールがラフに浮いているなど、ボールの下に隙間があ
りすぎると、今度はダルマ落としということになりやす
いからだ。

　そもそも、うまくボールをヒットして高く上げること
ができたとしても、思ったようなキャリーが出せる
かどうかは、正直、やってみなければわからない。

　それでも果敢にロブショットに挑戦するプロがいる
のは、そうしないことにはパーやバーディーが取れな
い、あるいは優勝が狙えない、という状況に置かれて
いるから。プロたるもの、ロブショットしか寄せる方
法がないとしたら、それに挑戦するのは、当然ではあ
る。

　しかし、アマチュア、ましてアベレージゴルファー
の場合はどうだろう。

　じっさいはピッチショットでもそこそこ寄せられる
ことが多いと言ったが、「ロブしかない」と思っても、
グリーンの手前にワンクッション入れる打ち方のほう
が簡単だったり、いかにもバンカーのすぐ先にピンが
立っているように見えても、そばまで行ってみるとじ
つはエッジからカップまで10ヤードくらいの余裕が
あったりすることは少なくない。

"現場"をよ〜く観察して、より安全な寄せ方を考えれば、ロブショットでなくてもいい、いや、自分の技量を考えればロブショットでないほうがいいケースのほうが多いはずなのである。

あなたにもできる"ちょいロブ"

と、さんざんロブショットの悪口（？）を並べてしまったが、これまで述べてきたのは、ロブショットのなかでももっともボールを高く上げる「スーパーロブショット」の話。

じつは、ふつうのロブショット（プロは"ちょいロブ"とか"ロブ気味"などとよく言う）は、それほど難しいわけではない。

ピッチショットといちばん違うのは、ボールの位置。胸の中央よりボール1個分左にセットして、その分だけボールの手前にヘッドを落としてバンスを滑らせるのが"ちょいロブ"である。

❶ボールを胸の中央より1個分左にセットしたら、ボールが上がるようSWのフェイスを62度くらいまで開いて、リーディングエッジを落とし所に向ける。こうするとスタンスは必然的にややオープンになり、構えも少しハンドレイトになるが、肩の向きは飛球線とスクエアだ。

❷体重配分は左5・右5をキープ。けっして左足体重

になってはならない。

❸ボールが高く上がる分、ピッチショットと同じ振り幅ではキャリーが出ないので、ロブショットでは必要ならコックも使ってスイングアークを大きくする。

こうしてバックスイングもダウンスイングも等速でスイングすれば、"ちょいロブ"の出来上がりである。

"スーパーロブ"に挑戦！

次は「スーパーロブ」。

"ちょいロブ"との違いは、ボールをさらに左寄りにセットし（左胸の下）、ＳＷのフェイスを目いっぱい開くこと。

そうすると、スタンスはさらにオープンになり、ハンドレイトの度合いもさらに強まることがおわかりだろう。

また、肩の向きは、スタンスと同じ左向きになり、スイング軌道はアウトサイドインのカット軌道になる。

打ち方は、"ちょいロブ"よりフェイスを開くから、同じ距離をキャリーさせようと思えば、コックを使うなどしてさらにスイングを大きくしなければならない。

スーパーロブがほかのアプローチと違うのは、アドレスからフィニッシュまで、左４・右６の右足体重をキープする、という点だろう。

これには、ふたつの理由がある。

ひとつは、右足体重でインパクトすると、ヘッドを低く長く入れやすいから。もうひとつは、体重が左に移動しないためランが抑えられるからだ。

　インパクトからフォローにかけては、グリップエンドが支点になるイメージでスイングする。

　そうすると、フィニッシュではクラブフェイスが自分のほうを向いているはずで、これがスーパーロブの特徴でもある。

　プロの試合では、フルショットと同じくらいのスイングアークで、しかもフルショットと同じスイングスピードでスーパーロブを打つ場面がよくあるが、これはボールを極限まで高く上げ、なおかつ極限までスピン量を増やすための打ち方。そこまでしないと狙ったところにボールが止まらないというわけだが、まあほとんど曲芸に近い。

　アベレージゴルファーがスーパーロブに挑戦する場合は、ライをよくよく観察して、ボールの下にヘッドが入るだけの隙間が十分にあるかどうかを確認すること。最初のうちは、ラフからだけにしておいたほうが無難だ。

　また、ボールを左胸の下にセットしているということは、ヘッドが最初に地面に落下するのは、ボールより2〜3センチ右になるということ。そこからバンスを滑らせて、ボールの下に開いたフェイスを入れるわ

スーパーロブ ショットの打ち方

アドレス

使用クラブ→SW
キャリー15y、ラン5y

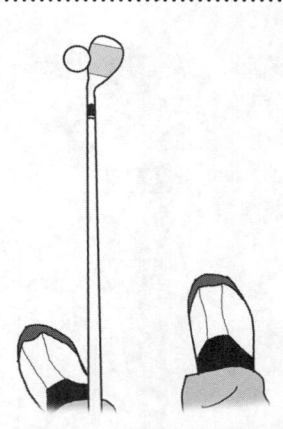

スタンス幅は広く、
かなりオープンに構える。
肩の向きもスタンスと
同じだけオープンに

ボール位置

左胸の下。フェイスを目一杯開く

体重配分は左4・右6。
これをフィニッシュまで
キープする

ヘッドの数センチ
手前から、
バンスを滑らせる

トップ

コックも使った
大きなバックスイング

○

フィニッシュ

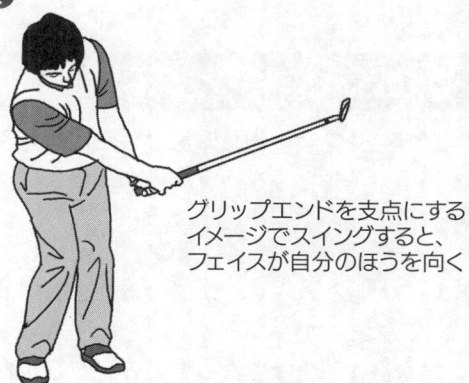

グリップエンドを支点にする
イメージでスイングすると、
フェイスが自分のほうを向く

けだが、ここでボールを上げようとすると、ヘッドが上昇軌道に入ってしまうため、まずトップする。

また、バンスの大きすぎるウェッジでスーパーロブに挑戦するのも危険。バンスの大きなウェッジを開くと、バンスが下に飛び出してきて、その分だけリーディングエッジが地面から浮く。

つまり、これもトップの危険がある（そのため、プロはスーパーロブ用に、バンスの小さな〝ローバンス〟といわれるウェッジを使うことが多い）。

ライもOK、打ち方もイメージできている……となれば、あと必要になるのは「思いっ切り」だけである。インパクトゾーンでヘッドをできるだけ低く長く滑らせることだけを意識して、スパッとクラブを振り抜こう！

「低く出て、キュッキュッと止まるボール」は流行らない？

プロゴルファーの見せ場といえば、もうひとつ「低く出て、スピンでキュッキュッと止まるボール」がある。

しかし、何年もゴルフ中継を見ている人なら気づいているかもしれないが、じつはここ数年、この「低く出て、スピンでキュッキュッと止まるボール」を打つプロが徐々に少なくなっている。たしかにスピンは効いていて、ピタリと止まることは止まるのだが、以前

より2〜3割ランが増えているのだ。

これは、数年前にいわゆる〝新溝ルール〟が適用され、それまでの〝角溝〟のクラブが使えなくなったからだ。

〝角溝〟ほどスピンのかからない〝新溝〟のウェッジで、「キュッキュッと止まる」ボールを打つには、ヘッドスピードを上げなくてはならない。

これはかなりリスクのある打ち方で、リスクを嫌うプロは、同じスピンを効かせた低いボールを打つのでも、以前よりは「キャリー少なめ、ラン多め」に見積もることによって帳尻を合わせているわけである。

それでも、アマチュアから見れば「ほおっ！」とタメ息が出るようなショットには違いなく、なんとかこの打ち方をマスターしたいという人も多いはずである。

打ち方を解説する前に、なぜ、プロは「低く、スピンの効いたボール」で寄せようとするのかを説明しておこう。

「ショーとしてギャラリーを楽しませるため」という要素もないではないが、もちろん実利もある。

たとえば20ヤードを「キャリー15、ラン5」というボールで寄せるときと「キャリー5、ラン15」というボール（ランニング）で寄せるのでは、どちらのほうが距離が合いやすいか。

前者は、先ほど解説したロブと「低く出てスピンの

効いたボール」の２通りの打ち方があるが、距離感が出やすいのは「低く出てスピンの効いたボール」のほう。ボールは、高く上げるより、低く出したほうがキャリーさせる距離がイメージしやすいからだ。

では、「低く出てスピンの効いたボール」とランニングでは、どちらのほうが寄るかといえば、技術的な問題を無視すれば、前者だ。

なぜなら、ランの多いアプローチは、カップインの可能性は高いとはいえ、グリーンの傾斜や速さの影響を受けるため、高速で傾斜が複雑なグリーンではじっさいに転がる距離や方向が予測しづらいからだ。その点、「低く出てスピンの効いたボール」は、ランが少ないためピンそばにボールを落とすことができる。難度の高いグリーンでは転がしよりOKにつく可能性が大、というわけである。

これが、プロが「低く出て、スピンの効いたボール」を打つ理由だ。

問題はその打ち方である。

ヘッドスピードを上げても〝飛ばない工夫〟とは?

じつは、このショットには大きな矛盾があり、その矛盾を解決しないと打ち方が見えてこない。

スピンをかけるためにはヘッドスピードが必要だが、ヘッドスピードを上げるとボールは飛んでしまうとい

う矛盾である。

　たとえばボールを15ヤード、キャリーさせる場合、スピンをかけようとしなければ、ＰＷで膝から膝までコツンと打ってやればいい。

　しかし、同じ距離をスピンをかけて、なおかつ着地してから5ヤードしかランさせないようにしようとなると、「飛ばさないための工夫」が必要になるのだ。「飛ばさないための工夫」とは、具体的にはＳＷのフェイスを開くこと。

　しかし、開いたままでピッチショットのように打ってはボールは高く上がってしまうから、ボールが低く出るようにボールを右胸の下にセットして、カット軌道でスイングする。これが第二の工夫である。

　インパクトのイメージでいうと、最初にヒール寄りの部分でボールの赤道部分をヒット。その後、トゥ側に向かってボールが溝を噛みながら斜め上に移動。その間、フェイスはロフトを少しずつ立てながら、ボールを包み込むように動く。

　別な言い方をすると、ボールがフェイス上を斜めに横断していくから、ボールと溝の接触時間が長くなり、だからスピンがかかるということになる。

　フェイスを開いていてもボールが低く出るのは、ボールを右胸下に置いているせいで入射角度が鋭角的になるからだ。

さらに、ＳＷのヘッドは、ボールにコンタクトしたあと、地面との衝撃でロフトが立つ。だから出球が低くなるというわけである。

　このショットでは、フェイスローテーションがしっかり行なわれる。ＳＷのフェイスでボールを包み込むようなイメージで、だからフィニッシュではフェイスが返っている。

　整理するとこうなる（次ページからのイラスト参照）。

　❶ボールを右胸の下にセットして、オープンに構える（ボールは右足の前にセットしたように見える）。

　❷ヘッドスピードを上げるため、同じ距離のピッチショットよりバックスイングは大きくなり、コックも使う。

　❸カット軌道をイメージ。

　❹ヘッドの軌道は上から下。ボールを包み込むようにスイングする。

　❺フィニッシュでは、フェイスローテーションが行なわれているため、トゥ側が上を向いている。

　このショットのイラストを見て、ロブショットとよく似ていると思った人はいないだろうか。

　その通り。ロブショットとの違いは、基本的にボールをセットする場所だけで、ＳＷのフェイスを開き、コックを使って大きなバックスイングを取るところなど、「低く出てスピンの効いたボール」はロブショット

「低くスピンの効いたショット」の打ち方

使用クラブ→SW
キャリー20y、ラン5y

アドレス

スタンス幅は狭め。
スタンスの向きも
肩の向きもオープンに

ボール位置

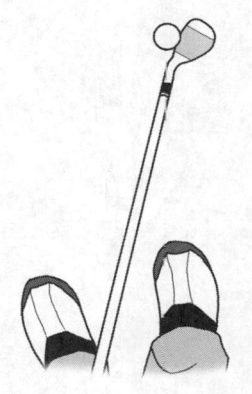

右胸の下。フェイスを開く

アドレス

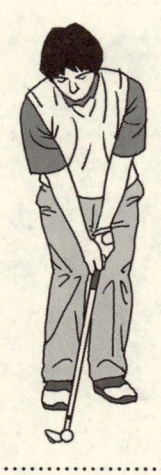

体重配分は均等

インパクト

フェイスローテーションを
行ないながら、
ボールを包み込むイメージ

トップ

コックも使った
大きめの
バックスイング

フィニッシュ

フェイスのトゥ側が
上を向いている

と共通するところが多いのだ。

　つまり、これがスピンをかけるときの打ち方だということ。ボールの高さは、ボールをセットする位置だけで決められるというわけである。

*

　さて、「30ヤードのアプローチショット」について、チップショット、ピッチショット、"ちょいロブ"、スーパーロブ、低くスピンの効いたショットの5通りの打ち方について解説してきたが、アマチュアなら、最初のふたつをマスターすれば十分である。

　練習のテーマは、あくまで肩の回転で距離感が出せるようになること。チップショットなら1ヤード刻み。ピッチショットなら5ヤード刻みで距離（キャリー）が打ち分けられるようになれば、かならずシングルになれることを保証します！

【第2部】
●どんな傾斜もこれでピタッ！──

30ヤードを
確実に寄せる技術

「平らなフェアウエイ」 からのショット

距離→エッジまで15ｙ、カップまで30ｙ
グリーンとの高低差→０ｍ
使用クラブ→ＰＷ

●基本中の基本

この章では、さまざまな「カップまで30ヤード」の アプローチの打ち方について解説していく。

最初は、平らなフェアウエイからのアプローチで、 エッジまで15ヤード、エッジからカップまで15ヤード という設定。ライさえよければ、プロならミスしよう のない条件である。

落とし場所をグリーンにするためには、15ヤード以 上のキャリーが必要だから、チップショットはない。 もちろんロブショットの必要もない。

というわけで、ピッチ＆ランということになるのだ が、使用クラブはもっとも得意なクラブでOK。

- ＳＷ→キャリー20、ラン10
- ＡＷ→キャリー18、ラン12
- ＰＷ→キャリー16、ラン14

というイメージだが、ここでは、カップインの可能 性がいちばん高いＰＷを選択した。

肩と両腕の三角形をキープして、膝から膝まで振り 子のようにスイングしよう。

アドレス

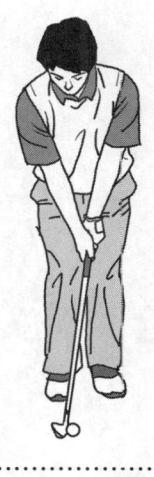

体重配分は左5・右5

ボール位置

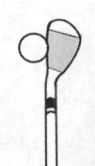

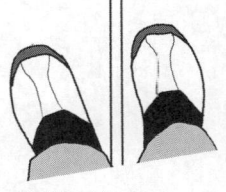

胸の中心。ややオープン
スタンスにしているため、
右足寄りにセットした
ように見える

※飛球線は、つねに上の点線と平行になる

アドレス

左腕とクラブが
一直線に

インパクト

アドレスの形に戻る

トップ

アドレスの形を
キープしたまま、
肩だけが
回っている

フィニッシュ

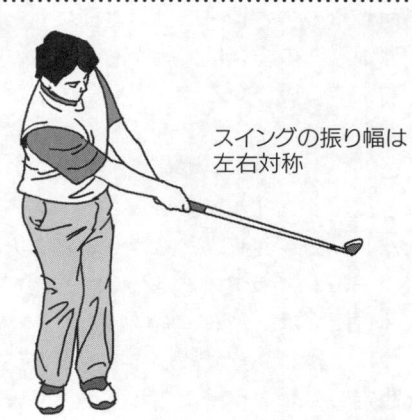

スイングの振り幅は
左右対称

「左足上がりのフェアウエイ」からのショット

距離→エッジまで15ｙ、カップまで30ｙ
グリーンとの高低差→＋１ｍ
使用クラブ→ＰＷ

●斜面に対して垂直に立つ

左足上がりのアプローチは、砲台グリーンの花道にボールが止まったときなど、ラウンド中しばしば遭遇するが、苦手にしているゴルファーが意外に多い。

ボールの左側が高くなっているため、インパクトでヘッドが斜面に刺さり、ザックリやってしまうのだ。

ミスの原因は、たいていアドレスにある。

斜面からのアプローチは、斜面に対して垂直に立つのが原則。この場合は、軸が右に傾き、体重配分も左３・右７くらいになる。

大切なのは、インパクトまでこの体重配分をキープすること。インパクトで体重配分が５対５になってしまうと、ザックリが起きる。

ただし、わざとザックリさせる打ち方もある。

73ページのイラストのように、あえて真っ直ぐ構える。体重配分は、左６・右４になり、ヘッドをボールにぶつけて終わり。最初からヘッドが斜面に刺さることを想定しておこう。ただし、キャリーは１〜２ヤードで、ランは10ヤード以下になる。

アドレス

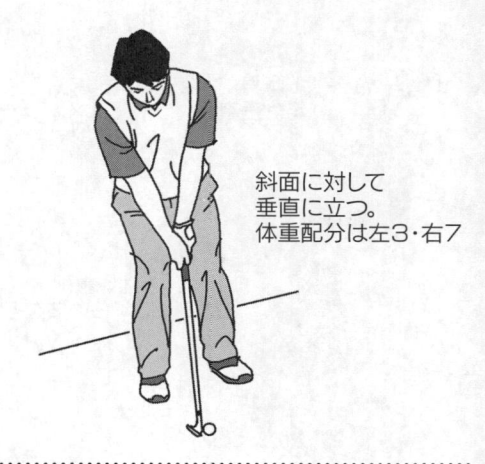

斜面に対して
垂直に立つ。
体重配分は左3・右7

ボール位置

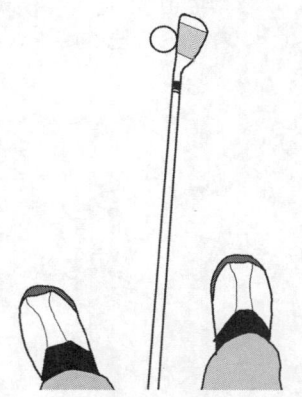

身体とボールの位置関係は水平なライと同じ

アドレス
上半身だけを右に傾けて、
足は垂直という構えは×

トップ
トップでは体重配分が
左2・右8くらいになる

インパクト
ボールを
上げようとしない

フィニッシュ
フィニッシュで
初めて体重配分が
5対5になる

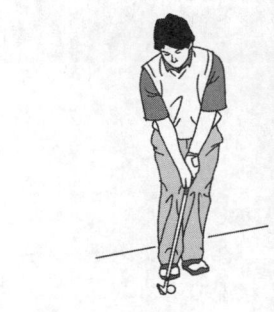

アドレス

あえて垂直に立つ。
スタンスは狭くして、
ボールは右足の
前にセット

トップ

振り幅は小さく

インパクト

インパクト＝
フィニッシュ。
ヘッドをぶつけて
終わり

「左足下がりのフェアウエイ」からのショット

距離→エッジまで15ｙ、カップまで30ｙ
グリーンとの高低差→－１ｍ
使用クラブ→ＳＷ

●ボールを上げようとしない

受けグリーンに対して、グリーンをオーバーしたときに、しばしば遭遇する状況である。

じっさいのラウンドでは「ライは逆目のラフ」という最悪の状況である場合が多いが、それは次章で解説することにして、ここでは下り斜面のフェアウエイからの基本的な打ち方を紹介する。

まず傾斜なりに立つことが大切。軸（背骨）は左に傾き、体重配分は左７・右３になる。

ＳＷを使うのは、グリーン面が下り傾斜のため、できるだけスピンを効かせてボールを止めたいからだ。

ただ、この場合はボールのある位置よりグリーンのほうが低いから、ボールを上げる必要がないのが救い。エッジからすぐのところにフワッとしたボールを落とし、ころころ転がってカップに寄っていくイメージである。

スタンスをオープンにして、カット軌道でボールを上げようとする人が多いが、スクエアなスタンスで、傾斜なりにスイングしたほうがミスが少ない。

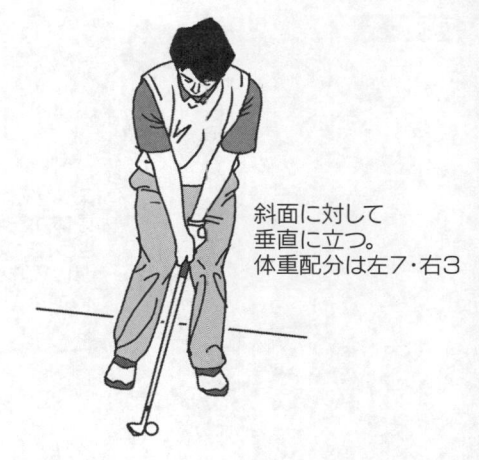

斜面に対して
垂直に立つ。
体重配分は左7・右3

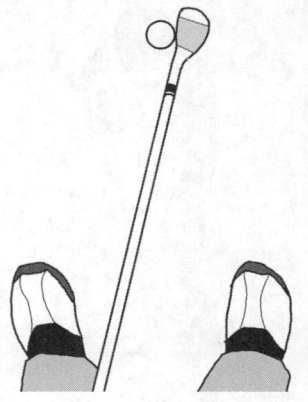

右胸の下

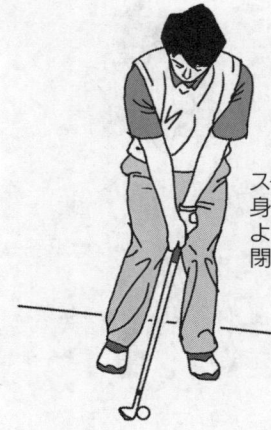

アドレス

スタンスはスクエア。
身体が左に流れない
よう、左つま先は
閉じ気味くらいでいい

インパクト

バンスが
少し滑るイメージ

トップ

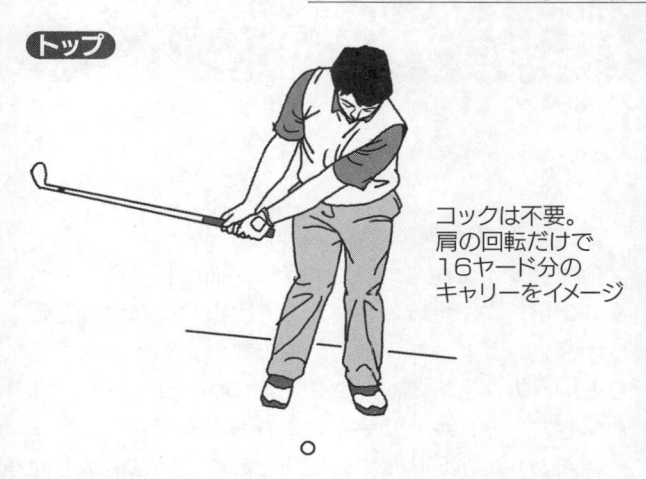

コックは不要。
肩の回転だけで
16ヤード分の
キャリーをイメージ

フィニッシュ

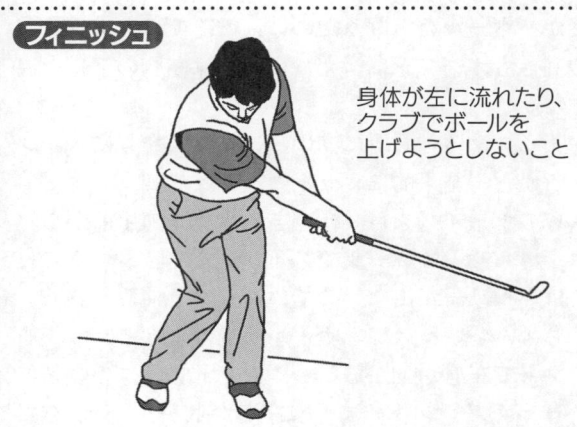

身体が左に流れたり、
クラブでボールを
上げようとしないこと

「左足下がりのフェアウエイ」 からのロブショット

距離→エッジまで10ｙ、カップまで30ｙ
グリーンとの高低差→＋1.5m
使用クラブ→ＳＷ

●左足下がりからのロブショット

前項とライは同じだが、グリーン面は目の高さ。つまり、ボールを上げる必要があり、前項よりずっと難度が高い。グリーン手前の斜面にワンクッションさせるという方法もあるが、ここではロブショットでグリーンぎりぎりにキャリーさせる打ち方を紹介する。

傾斜なりに左足体重で構えるところまでは前項と同じだが、ボールを上げるために、ここではスタンスも肩の向きもオープンに構え、ボールは左胸の下にセットする。

フェイスは落とし所に向け、スタンスなりにスイングするから、結果的にカット軌道になる。

ＳＷのフェイスを目一杯開き、ボールの手前からバンスを滑らせるイメージでスイングする。ふつうに打ってはキャリーが出ないので、コックも使おう。

いちばん多いミスは、ボールを上げようとして、インパクトで左肩が上がること。セットアップの段階で81ページのイラストのように左肩が上がり、軸が右に傾くのもNGだ。

アドレス

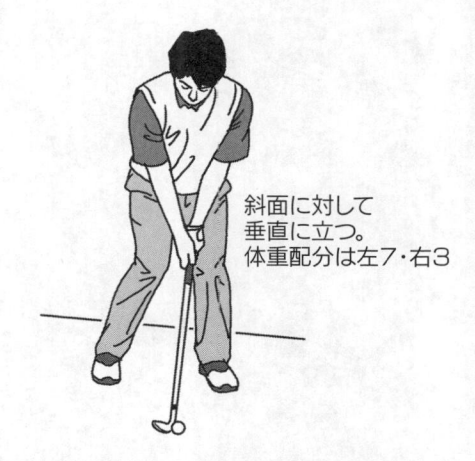

斜面に対して
垂直に立つ。
体重配分は左7・右3

ボール位置

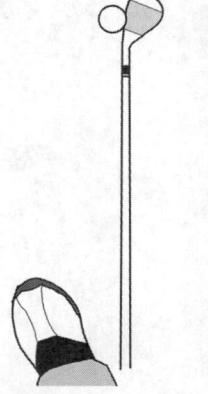

スタンス幅は広くなるが、ボール位置は左胸の下

アドレス
スタンス・肩の向きとも
オープン。左足は閉じる

トップ
コックを使う分だけ
トップは高くなる

。

インパクト
ボールの手前から
バンスを滑らせる

フィニッシュ
ボールを上げたい
気持ちを抑えて、
フォローを低く出す

NGな打ち方

アドレスの段階で
ボールを上げようとして
左肩が上がる

軸が右に傾いているため
クラブを手で持ち上げる
しかなくなる

斜面なりに振り下ろそう
とするがダフる

「つま先上がりのフェアウエイ」からのショット

距離→エッジまで15ｙ、カップまで30ｙ
グリーンとの高低差→０ｍ
使用クラブ→ＰＷ

●かかと体重をキープする

スタンス幅は狭め。ボールを中心よりボール１個分右にセットして、かかと体重のままコンパクトにスイングする。

ＳＷを使わないのは、つま先上がりでは、ロフトの大きなクラブほど引っかかりやすいから。また、キャリーが15ヤード必要であることも考えると、ＳＷではかなり振らなければならず、それだけミスする確率が高くなる。だからＰＷというわけである。

つま先上がりのライでは、クラブを短く持つようアドバイスされることもある。しかし、短く持ってキャリーを15ヤード出そうとすると、スイング幅が大きくなりすぎたり、ヘッドスピードを上げようとして打ち急いだり、ミスする確率が高くなってしまう。

クラブを短く持っていいのは、キャリーで５ヤードくらいまでだろう。短く持ってボールの近くに立てば、ヘッドのヒール側が地面から浮く。トゥ側でコツンと当ててやれば、ダフることも少なく、距離の短い場合は、むしろ安全策といっていい。

アドレス

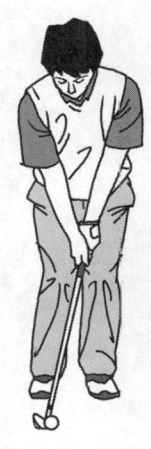

つま先上がりで
傾斜なりに立つと、
かかと体重になる。
体重配分は5対5

ボール位置

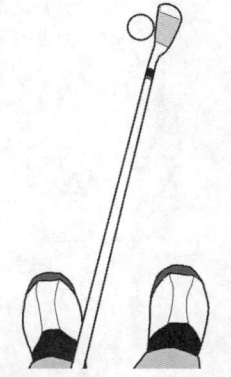

胸の中心よりボール1個分右

アドレス
ボールがフック回転することを
想定して、カップのやや右を狙う

トップ
肩と腕の三角形をキープして、
必要な分だけ肩を回してやる

インパクト
クリーンにボールを
ヒットするイメージ

フィニッシュ
手首を返さない

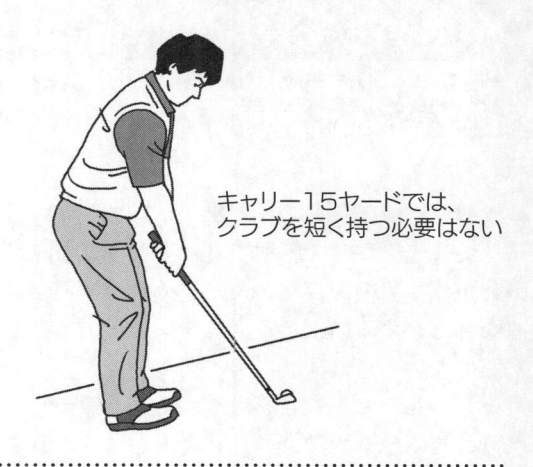

キャリー15ヤードでは、
クラブを短く持つ必要はない

ここまで短く持っていいのは、
キャリー5ヤード以下

「つま先下がりのフェアウエイ」からのショット

距離→エッジまで15y、カップまで30y
グリーンとの高低差→0m
使用クラブ→AW

●ソールを斜面にペタリとくっつける

つま先下がりで斜面なりに立とうとすれば、つま先体重になるのが自然。ただ、それでは何となく不安定な感じがするのだろう、スタンスを広めにとる人が少なくない。

しかし、スタンスを広くすると、肩が回りにくくなり、打ち急いだり、インパクトが強くなりやすい。スタンスの幅は、平らなライから15ヤード打つ場合と同じか、ほんの少し広いくらいでいい。

ボールは胸の中心にセット。使用クラブは、AW。つま先下がりでPWを使うと、ボールのつかまりが悪くなりやすい。かといってSWで15ヤードキャリーさせるためにはそれなりに振らなければならず、これは不安定なライにあるボールを打つにはちょっと危険。そこで、AWというわけだ。

ヘッドをボールにセットするときは、手首を少し下向きにして、ソール全体を斜面に密着させる。かかと体重に構えると、ボールとの距離が遠くなるだけでなく、トゥ側が浮いて、ヘッドの芯に当たらなくなる。

アドレス

つま先体重をキープ。
体重配分は5対5

ボール位置

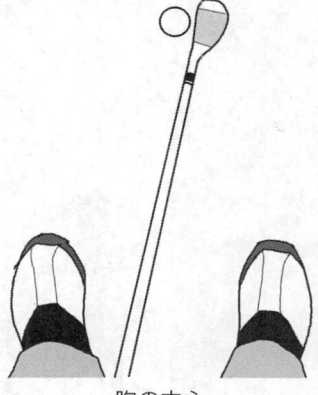

胸の中心

アドレス
足場を安定させようと
スタンスを広くしない

トップ
ノーコックで肩を回す

インパクト
アドレスの再現

フィニッシュ
上体が起きない
よう注意

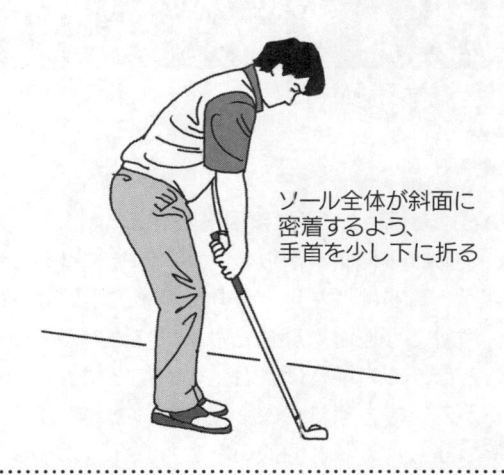

ソール全体が斜面に
密着するよう、
手首を少し下に折る

. . . .

NGなアドレス

かかと体重になると、
お尻が下がり、ヘッドの芯で
ボールが捕らえられなくなる

89

「左足上がり＋つま先上がりのフェアウエイ」からのショット

距離→エッジまで15ｙ、カップまで30ｙ
グリーンとの高低差→＋１ｍ
使用クラブ→ＰＷ

●いちばん低いところに体重を乗せる

ここからは複合傾斜からのアプローチについて解説していく。最初は「左足上がり＋つま先上がり」だ。

複合傾斜でも地面に対して水平に立つのが基本。ということは、この場合は、右足のかかとにもっとも体重がかかる。複合傾斜では、左右のつま先とかかとの４か所のうち、もっとも低いところに体重がかかることを覚えておこう。

この場合なら、スイング中はずっと右足のかかと体重をキープする。左足のつま先はアドレスの段階で浮いているくらいでもいい。

複合傾斜では、それだけ身体を支えるのが不安定になりやすい。だから、フルショットが難しいのだが、アプローチの場合も、できるだけ静かに、身体のターンだけでスイングしたい。

クラブを手で上げてしまうと、反射的にバランスを取ろうとして軸が左に傾き、リバースピボット（ギッタンバッコン）になりやすい。クラブを持ち上げようとせず、ヘッドを低く長く引くのがコツだ。

アドレス

右足のかかとに
体重を乗せる

ボール位置

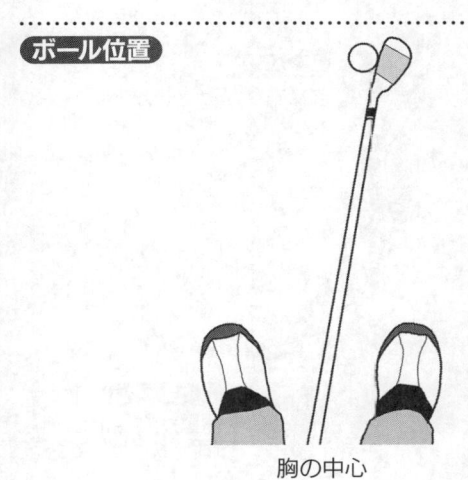

胸の中心

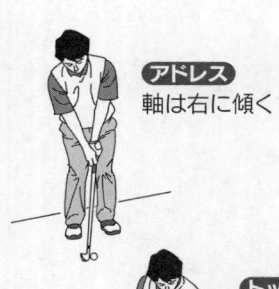

アドレス
軸は右に傾く

トップ
手上げはNG。
右かかと体重のまま
肩を回す

インパクト
まだ右かかと体重のまま

フィニッシュ
体重が右足に残る
〝明治の大砲〟でも可

NGな打ち方

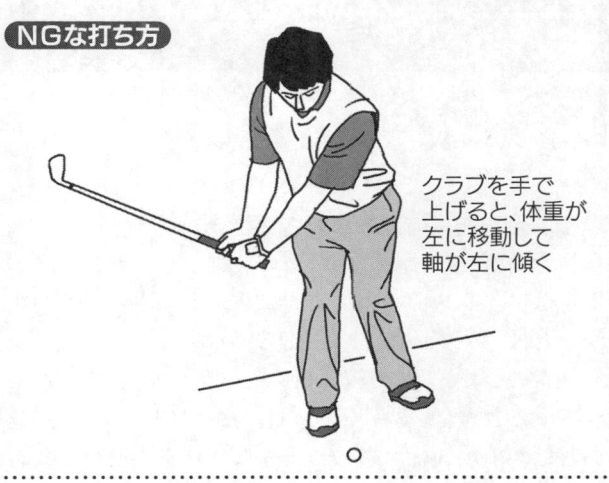

クラブを手で
上げると、体重が
左に移動して
軸が左に傾く

フィニッシュでは体重が
右に移動、右肩が下がり
ダフる

「左足上がり＋つま先下がりのフェアウエイ」からのショット

距離→エッジまで15ｙ、カップまで30ｙ
グリーンとの高低差→＋１ｍ
使用クラブ→ＰＷ

●前後左右に体重を移動させない

複合斜面での体重のかけ方の原則からすれば、この場合はアドレスで右のつま先に体重がかかる。左足のかかとは浮いていてもいいくらいだ。

通常のつま先下がりと同じく、ボールにクラブをセットするときは、ソールが地面にピタリとつくように。あとは、前項同様、右のつま先に体重を乗せたまま、身体のターンでスイングする。

インパクトで体重が左に移動すると、身体が突っ込み、たいていダフる。

スイング中の体重移動は、左右だけでなく、前後もNG。この場合なら、インパクトで、浮いていていいはずの左かかとに体重が移動すると、上体が起き上がってトップしやすい。

また、このライでは、73ページで紹介した、真っ直ぐ立って（左足体重になる）、わざとヘッドを地面に突き刺すような打ち方も使える。

ただし、キャリーが出ないため、エッジまでの距離が１～２ヤードの場合だけだが。

アドレス

右足のつま先に
体重を乗せる

ボール位置

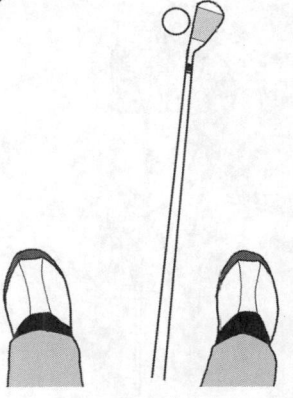

胸の中心

アドレス

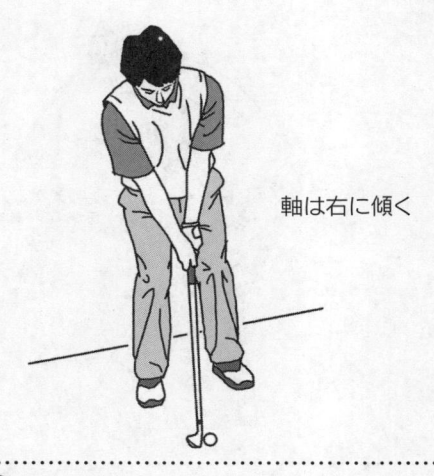

軸は右に傾く

インパクト

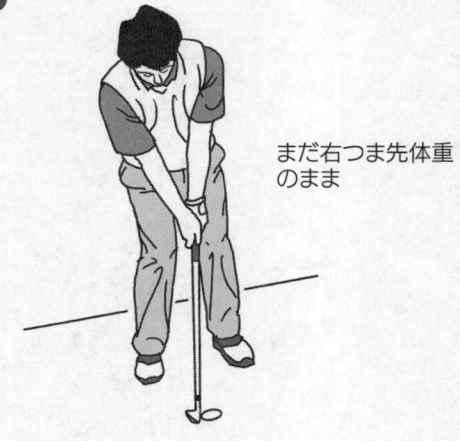

まだ右つま先体重
のまま

トップ

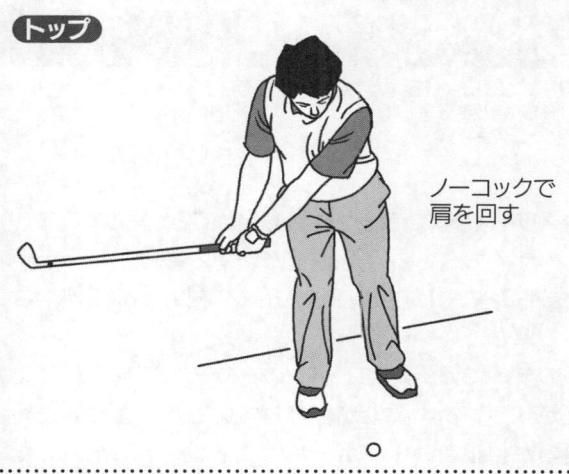

ノーコックで
肩を回す

フィニッシュ

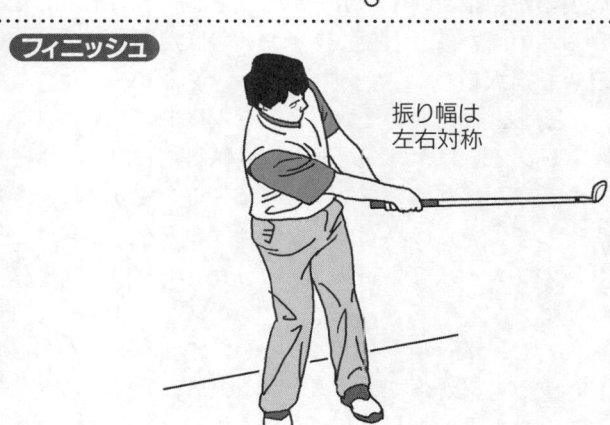

振り幅は
左右対称

「左足下がり＋つま先上がりのフェアウエイ」からのショット

距離→エッジまで15ｙ、カップまで30ｙ
グリーンとの高低差→０ｍ
使用クラブ→ＰＷ

●スライス要素とフック要素を足して2で割ってみる

　このライで、もっとも体重がかかるのは左足のかかと。アドレスでは左足のかかとに９割方、体重が乗っている感じでいい。

　このライでは、左足下がりのスライス要素と、つま先上がりのフック要素が複合している。つまりふたつの要素が相殺されて、ボールはストレートに出る。だからこの場合は、水平なライでいちばんミスの少ないＰＷを選択した。

　しかし、グリーンまで１メートル以上打ち上げていたり、あるいはグリーン面が下り傾斜だったり、ボールを上げなければならないときはＳＷを使う。

　そして、さらに高く上げなければならないときは、ＳＷのフェイスを開いて、ロブショットということになる。

　ただし、ボールを上げようとしてインパクトからフィニッシュにかけてクラブを高く上げようとすると、ダフったりトップしがち。あくまで斜面なりに、フォローは低く長くとることだ。

アドレス

左足のかかとに
9割方、体重を乗せる

ボール位置

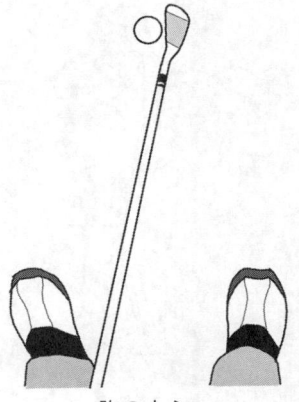

胸の中心

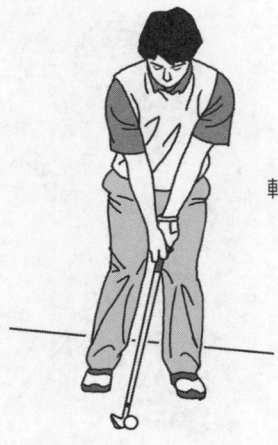

アドレス

軸は左に傾く

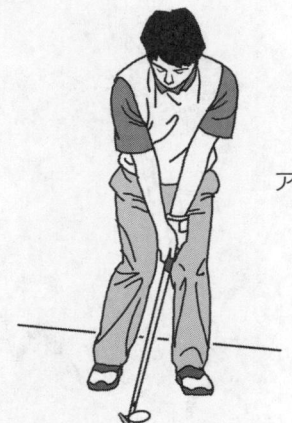

インパクト

アドレスの再現

トップ

ノーコックで
肩を回す

フィニッシュ

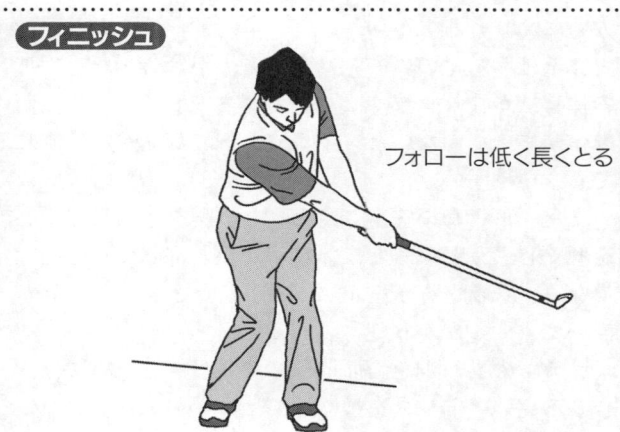

フォローは低く長くとる

「左足下がり＋つま先下がりのフェアウエイ」からのショット

距離→エッジまで15ｙ、カップまで30ｙ
グリーンとの高低差→０ｍ
使用クラブ→ＡＷ

●スライス要素しかないライ

このライでは、左足下がりがスライス要素、つま先下がりもスライス要素と、スライス要素がふたつ複合している。

そのため、ＰＷではボールがそのままスライスしやすい。そこで、ある程度ボールがつかまえられるＡＷを選択した。傾斜がもっと急であれば、ＳＷの使用も大いにありうる。

体重は、左足のつま先に９割方、かける。ただ、この体勢はかなりツラく、左足のつま先でしっかり地面をつかまえていないと、インパクトで身体が左に流れてしまいやすい。

また、下半身を安定させようと、腰を落として重心を低くしようとすると、体重がかかと寄りになるだけでなく、クラブをボールにセットしたとき、トゥ側が浮いて、引っかかりやすい。

クラブのソールを斜面にぴったり当てるためには、むしろ高いアドレスをつくって、ハンドアップ気味に構えたほうがいい。

左足のつま先に
9割方、体重を乗せる

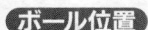

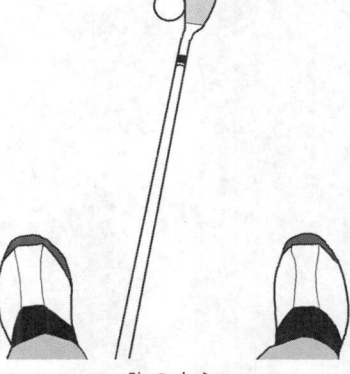

胸の中心

アドレス
スライスしやすいので
カップの左を狙う

トップ
左足体重と軸を
キープして、
肩だけを回す

インパクト
身体が左に流れないよう
踏んばる

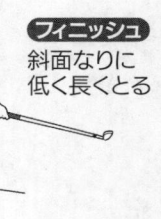

フィニッシュ
斜面なりに
低く長くとる

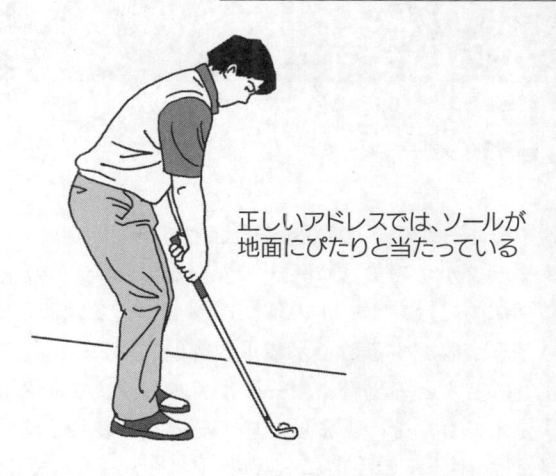

正しいアドレスでは、ソールが
地面にぴたりと当たっている

NGなアドレス

腰を落とすとかかと体重になり、
ヘッドのトゥ側が浮く

「平らなラフ」からのショット

距離→エッジまで15ｙ、カップまで30ｙ
グリーンとの高低差→０ｍ
使用クラブ→ＳＷ

●ボールの下の隙間をチェックする

ラフからのアプローチで大切なのが、ライの見極め。具体的には、ボールの下にヘッドの入る隙間があるかどうか確認することが最重要課題になる。

ほとんどの場合、ボールがラフに沈んでいるように見えても、その下にはたいてい隙間がある。ということは、ボールの手前にＳＷのバンスから入れてやれば、バンスが滑ってヘッドはボールの下に到達。めでたくボールを上げてくれるというわけだ。

ただ、そうは言っても、ラフには抵抗がある。しかし、だからといってクラブを強く速く振ろうとしてはダメ。ラフからのショットは「大きくゆっくり」クラブを振ってやろう。

また、ラフからのショットでは、セットアップ時のヘッドとボールの高さを揃えることもきわめて重要。たとえばラフに浮いているボールに対して、ヘッドをラフに押しつけるようにセットしては、インパクト時にヘッドがボールの下を潜り、間違いなくダルマ落としになる。

アドレス

やややオープンスタンス。
体重配分は左5・右5

ボール位置

胸の中心

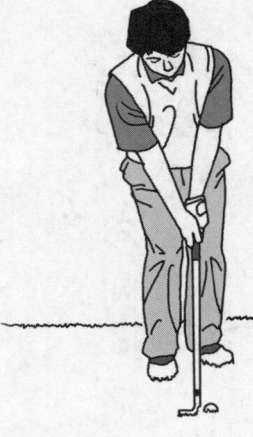

アドレス

ボールが沈んでいる
場合は、ヘッドも
沈ませてセット

インパクト

ボールの手前から
バンスを滑らせる
イメージ

トップ

ラフの抵抗を
想定して、大きめの
バックスイング

フィニッシュ

身体の回転で
自然に左に振り抜く

ヘッドとボールの高さの揃え方

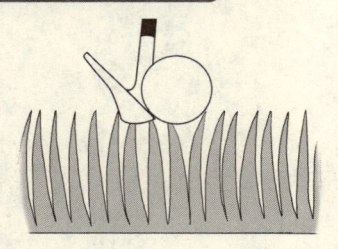

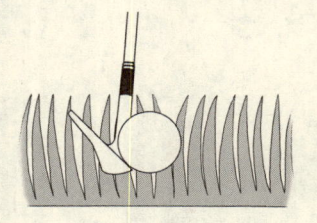 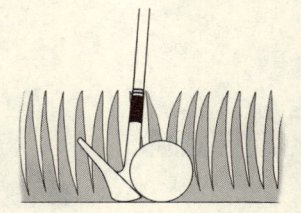

ボールの下に隙間がどれくらいあるかは、ボールの手前
10センチくらいにヘッドを押しつけてみればわかる。

ボールが沈んでいれば、ヘッドを芝に少し押しつける、
浮いていればヘッドを浮かせ気味にして、ボールとヘッドの
高さを揃えておこう。

第3部

●プロはどう打ち分けているか──

難しいライでも
自信をもって
ショットする法

平らなラフからの
"ちょいロブ"ショット

距離→エッジまで10y、カップまで20y
グリーンとの高低差→＋2m
使用クラブ→ＳＷ

●ラフからの"ちょいロブ"

　砲台グリーンの左右にこぼれたボールは、たいてい
ラフにあり、そこから1〜2ヤードの打ち上げになる
ことが多い。

　この場合は、1章で紹介した"ちょいロブ"の出番。
このケースでは、ボールはラフにあるから、フェアウ
エイからの"ちょいロブ"より簡単である。

　ボールを胸の中心よりボール1個分左にセットした
ら、ボールを上げたい高さと落とし所までの距離に応
じて、ＳＷのフェイスの開き具合とスイングの大きさ
を調整する。

　この場合なら、2ヤードの打ち上げ、落とし所まで
の距離が15ヤードぐらいはあるから、とくにフェイス
を開かなくても、イメージ通りのボールが打てるはず
だ。体重はアドレス時の左右5対5をインパクトまで
キープすること。

　ただし、ラフからは"ちょいロブ"でもスピンはあ
まりかからない。ランが出ることを計算して、ボール
の落とし所を決めることだ。

アドレス

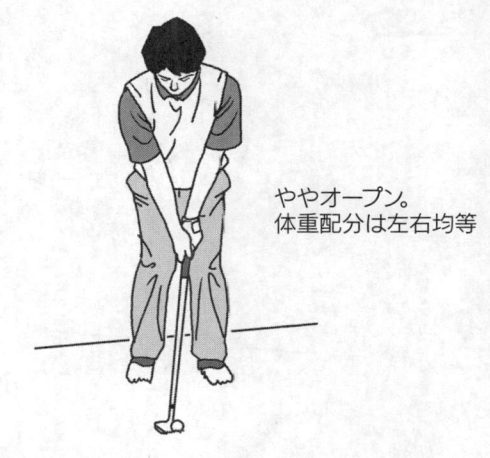

ややオープン。
体重配分は左右均等

ボール位置

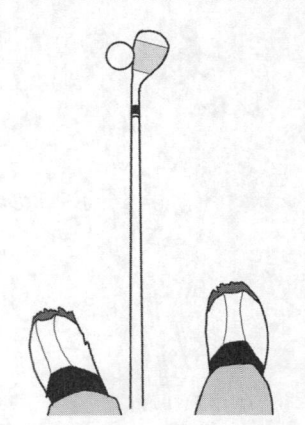

胸の中心からボール1個分左

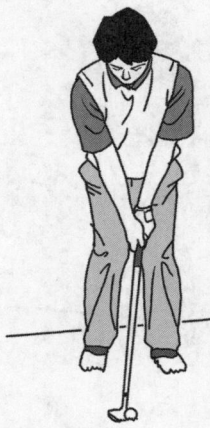

ボールを左に
置いた分だけ、
ややハンドレイトになる

ボールの数センチ手前に
バンスを入れる

トップ

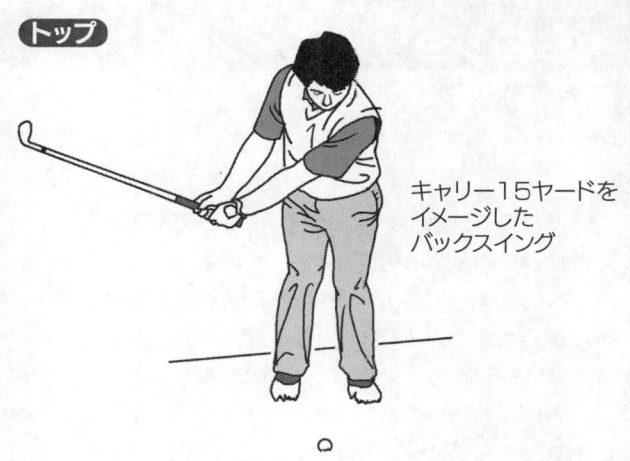

キャリー15ヤードを
イメージした
バックスイング

フィニッシュ

左右対称のスイングを。
ボールを上げようとしない！

「左足下がり＋逆目のラフ」からのショット

距離→エッジまで5y、カップまで15y
グリーンとの高低差→－1m
使用クラブ→SW

●逆目のラフは〝ゆっくり大きく〟払ってやる

グリーンの周囲が土手になっているホールでは、奥や左右に外すと、左足下がりの斜面から寄せなければならなくなることが多い。しかも、ライは次ホールへの通路で逆目のラフというケースも少なくない。

まずは、76ページで紹介した「左足下がり」のアドレスをつくる。

問題は、逆目のラフをどう打つかという点だが、ボールのすぐ手前にSWのリーディングエッジを入れようとしてはダメ。これではヘッドが芝に刺さって、ラフの抵抗をまともに受けてしまう。

正しい打ち方は、バックスイングを通常の2倍（この場合はキャリー10ヤード分）にして、ボールの5センチくらい手前からボールの5センチくらい先まで、ラフごとボールを払ってやるようなつもりでスイングすること。

つまり、逆目のラフは〝強く、速いスイング〟ではなく、〝大きく、ゆっくりとしたスイング〟でラフごとボールを運ぶイメージが正解というわけだ。

傾斜なりに立つ。
体重配分は左7・右3

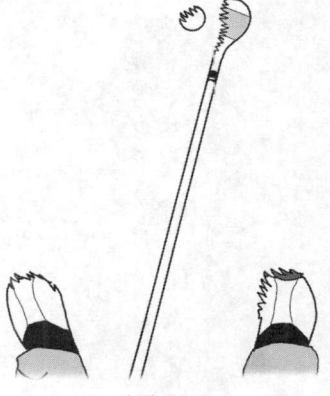

右胸の下

バンスを滑らせる
イメージで、ボールの
5センチくらい
手前にヘッドを
セットする

強く入れず、寝ている芝を
起こしてやるイメージ

トップ

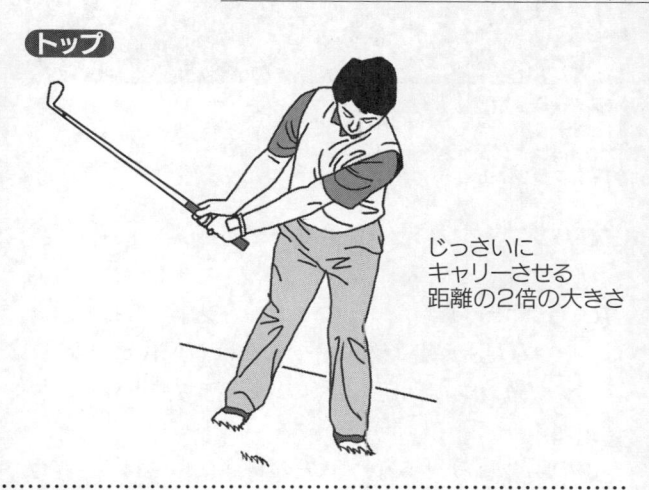

じっさいに
キャリーさせる
距離の2倍の大きさ

フィニッシュ

左股関節で
体重を受け止める。
上体が起きないこと

バンプ&ランで
寄せるショット

ライ→やや左足上がりのラフ
距離→エッジまで7ｙ、カップまで13ｙ
グリーンとの高低差→＋1ｍ
使用クラブ→8Ｉ

●バンプ&ランのクラブ選択

　ワンクッション入れる、つまりバンプ&ランの打ち方は、1章で紹介したチップショットと同じ。この場合は、やや左足上がりだから、少しだけ右足体重になる。

　バンプ&ランで問題になるのは、打ち方よりクラブ選択だろう。

　この場合なら、「5ヤード先の斜面にぶつけ、2バウンド目でボールがグリーンエッジから1ヤード先に落ち、そこから12ヤード転がる」クラブを選ぶ。

　8Ｉを選んだのは、ロフトなりの自然なスイングで斜面にボールを当てることができ、イメージ通りに転がると判断したからだ。

　これがＡＷやＳＷだと、ロフトを立てて、ボールを右に置かなければならなくなる。それだけ8Ｉより難度が高くなり、しかも余計なスピンがかかって、ボールは斜面で止まってしまったり、グリーンに乗っても、思ったほど転がらないということになりやすい。

　逆に言えば、そのほうがカップに寄りそうな状況なら、ウェッジの選択は大いにあり、というわけだ。

アドレス

スタンス幅は狭く、
やや右足体重に

ボール位置

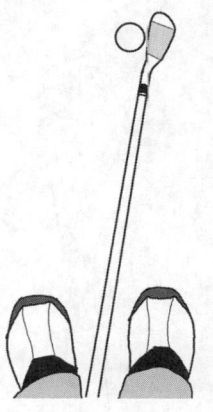

右胸の下

ややオープンに構え、
クラブを短く持つ

インパクト

完璧なまでの
アドレスの再現

三角形をキープしたまま、
81で5ヤードキャリー
させるだけの振り幅

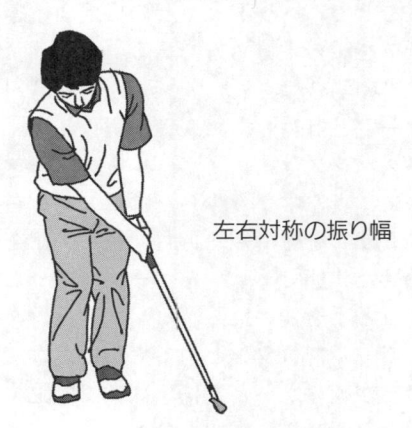

左右対称の振り幅

ベアグラウンド
からのショット

距離→エッジまで10ｙ、カップまで20ｙ
グリーンとの高低差→０ｍ
使用クラブ→ＡＷ

●ヒールを浮かせて、クリーンに打つ

アベレージゴルファーにとって、もっともやっかいなライといえばベアグラウンド。土が硬ければヘッドが弾かれ、土が軟らかければ、少しでもダフるとヘッドがボールの下を潜ってボールは飛ばない。

ベアから打つときは、ヒールを浮かせて、クリーンにボールを打つのがいちばん安全だ。ヒールを浮かせることで、ヘッドと土との接地面積を小さくし、土の抵抗を減らす打ち方である。

この場合は、キャリーが12〜13ヤード、ラン7〜8ヤードと計算して、ＡＷを選択した。

スタンスは狭め。ボールをクリーンにヒットするために、真ん中より少しだけボールを右寄りに置く。

クラブをやや短く持ち、ヒール側を1センチほど浮かせた状態でヘッドをボールにセットする。難しいライほど手を使いたくなるが、それはダメ。身体の回転でボールにコツンと当ててやるだけでいい。

土が軟らかいときは、次章で解説するバンカーショットと同じ打ち方でもＯＫ。

アドレス

スタンスは狭く、
体重配分は左右均等

ボール位置

胸の中心より、やや右

アドレス
クラブを短く持ち、
ヒール側を浮かせる

トップ
手上げは禁物。AWで
キャリー12〜13ヤード分の
振り幅

インパクト
最初にボールにコンタクト

フィニッシュ
グリップは
アドレス時と同じ。
身体だけが
回っている

NGなインパクト

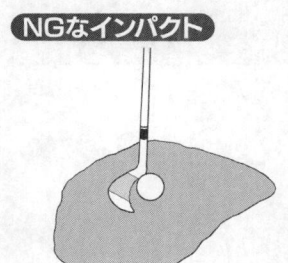

少しでもボールの手前に
ヘッドが入ると、
フェイスとボールの間に
土が入り、ボールが飛ばない

NGな打ち方

肩を回さず、
手だけでクラブを
上げると……

手が先行して、
ダフりやすい

127

逆目のカラー
からのショット

距離→エッジまで1ｙ、カップまで10ｙ
グリーンとの高低差→−0.5ｍ
使用クラブ→ＳＷ

●安全なのはパターだが……

逆目のカラーにあるボール。たとえ順目でも、ここはパターを使うというゴルファーがほとんどだろう。

しかし、グリーンが下り斜面で、カップまで10メートルしかないという場面では、プロはしばしばＳＷを使う。スピンをかけて、ボールを止めようというわけだ。

カラーとはいえ、逆目のライでＳＷを使えば、チャックリやりやすいが、そうならないためには、構えが大切。ＳＷのフェイスを少し開いたら、ボールを右胸の下にセット。そして、リーディングエッジ（歯）を少し浮かせてやろう。

歯を浮かせては、いかにもトップしそうだが、じつはそうすることで最初にバンスが逆目の芝に接地するため、ヘッドがつっかかることなく滑ってくれる。

アマチュアにはハンドファーストに構える人が多いが、それではバンスがひっこみ、歯が先に逆目の芝に接地するような構えになっている。ザックリやるのは必然なのだ。

アドレス

スタンス幅は狭く、
ややオープン

ボール位置

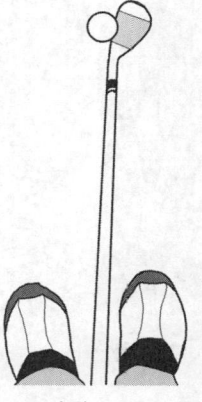

右胸の下

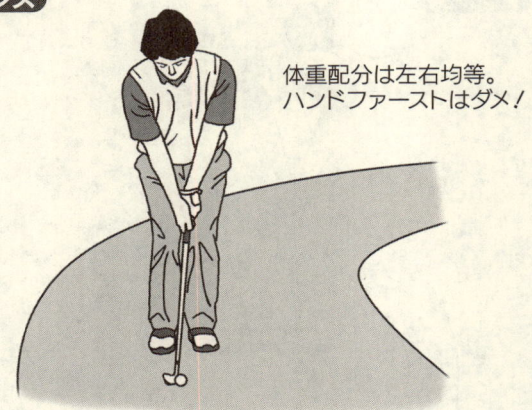

トップ

ヘッドを低く引いて、
入射角度を緩やかに

フィニッシュ

振り幅は左右対称

カラーとラフの境目
からのショット

距離→エッジまで1ｙ、カップまで10ｙ
グリーンとの高低差→Ｏm
使用クラブ→ＳＷまたはＡＷ

●"歯"で打つか、芝ごと打つか

グリーンからこぼれたボールがカラーとラフとの境目で止まる。ふつうのチップショットでは、ボールの後ろにある芝がテイクバックの邪魔をする。

こんなとき、ボールの上半分が芝から出ていれば、ＳＷの歯で打つという方法がある。

構えはパターと同じ。ＳＷのヘッドを少し浮かせて、歯がボールの赤道に当たるようにセットすればいい。あとはパターと同じ距離感でストロークする。

しかし、ラフの背が高く、ボールの頭が3分の1しか出ていないようでは、この方法は使えない。

こんなときは、ラフに沈んでいるボールを芝ごと打つつもりで、ボールの数センチ手前にバンスを落とす。この場合は、カップまでそこそこ距離があるからＡＷを選択したが、カップが近ければＳＷでもいい。

こうした場面で、ヘッドを上から鋭角的に入れようとする人が多いが、それではロフトが立ちすぎてボールが強く出てしまう。相手はしょせん芝。大きくゆっくりスイングすれば、芝には負けないものだ。

アドレス（SWの歯を使う場合）

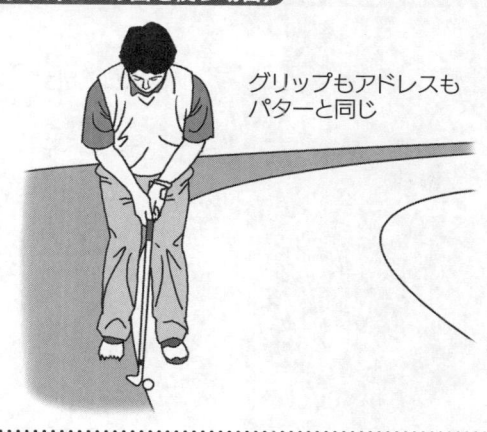

グリップもアドレスも
パターと同じ

ボール位置

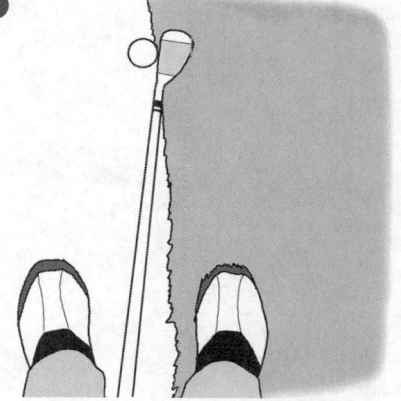

あなたがパターを打つときと同じ

ボールの位置は左胸の下

ボールの手前が最下点

トップ

芝の抵抗を考えて、
やや大きめの
バックスイング

フィニッシュ

打ち込むのではなく、
身体を回す

低いボールで
木の枝の下を通すショット

ライ→平らなラフ
距離→エッジまで30ｙ、カップまで50ｙ。
　　　3ｍ先に高さ1.5ｍの木の枝あり
グリーンとの高低差→０ｍ
使用クラブ→９Ｉ

●低いボールで距離感を出す方法

　３メートル先に高さ1.5メートルの木の枝が迫り出しているため、50ヤード先のカップに寄せるためには、低いボールを打つしかないという状況である。一見するとやっかいそうだが、クラブ選択と打ち方さえ正しければ、さほど難しいショットではない。

　まずボールを低く出し、ある程度スピンがかかるよう９Ｉを選択。ボールは胸の中央からボール１個分右にセットして、30ヤード、キャリーさせるつもりでスイングする。

　アマチュアがやりがちなミスは、ボールが低く出るクラブを選び、その構えもつくったのに、さらにボールを低く打ち出そうとして、ザックリやってしまうこと。クラブと構えを信じて、それ以上、余計なことはしないことだ。

　９Ｉでランを抑えるためには、バックスイングよりフォローを小さくすること。そうするとヘッドが加速しスピンがかかりやすい。

スタンスは狭く、
体重配分は左右均等

・・・

ボール位置

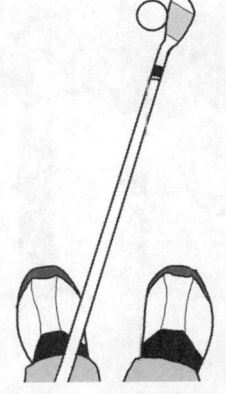

胸の中央よりボール1個分右

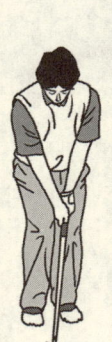

クラブのロフトから、
ボールの高さを
イメージ

インパクト

最初にボールに
当たって、そのあとに
ターフが取れる

トップ

手上げではなく、
身体を回して

フィニッシュ

バックスイングより
フォローを小さく
することで、
ヘッドを加速させる

「左足がバンカー＋極端な左足下がり」でのショット

距離→エッジまで10ｙ、カップまで10ｙ
グリーンとの高低差→－1ｍ
使用クラブ→ＳＷ

● 極端な左足下がりを平らなライに変える

ボールがバンカーの縁（ふち）にあり、左足をバンカーに入れて打たざるをえない状況である。打ち方はふたつある。ひとつは「斜面なりに立つ」という原則に則って、143ページ右下のイラストのように構える打ち方。もうひとつは、右膝（ひざ）を折り、あたかも水平なライにあるボールを打つつもりでスイングする方法だ。

この場合は、グリーンが低く、下り傾斜になっているため、前者の方法ではボールは低く出て止まらない。最悪、バンカーに入る場合もある。というわけで、後者の方法が正解になる。

構え方は、右足を下げ、さらに膝を折ることで、腰と肩のラインがラフと平行になるようにセットする。あとはボールが高いところにある分だけクラブを短く持てば、平らな地面からのショットと同じ状況になる。

クラブを短く持つ分だけ、振り幅は大きくなる。

これまでの解説を参考に、フェイスの開き具合やボールの位置、体重配分などを変えれば、ピッチショットもロブショットも打てる。

アドレス

右足を引き、膝を折って、肩と腰のラインがラフと平行になるように構える

ボール位置

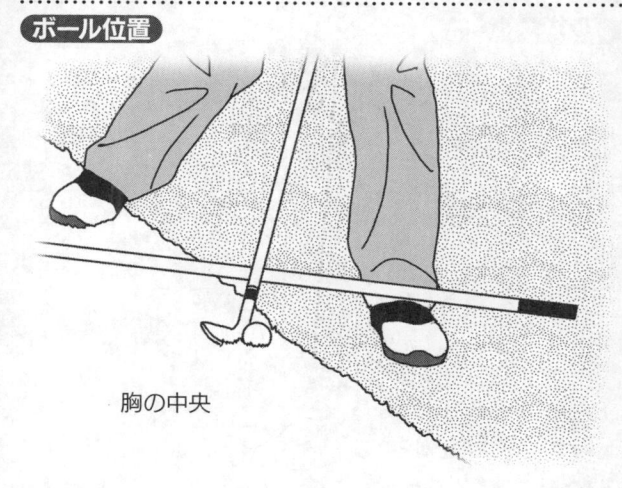

胸の中央

アドレス

ボールが高いところに
ある分だけクラブを短く持つ

インパクト

バンスを滑らせる

トップ

体重移動はしない

フィニッシュ

軸がブレないように

斜面なりに構えると、
ボールは低く出る。
インパクトでヘッドが
抜けにくいことを
想定しておこう

「右足がバンカー＋極端な左足上がり」でのショット

距離→エッジまで5ｙ、カップまで10ｙ
グリーンとの高低差→０ｍ
使用クラブ→ＳＷ

●"斜面なり"はリスクが高い

今度は、前項とは逆。右足をバンカーに入れて打たざるをえないケースだ。

斜面なりに構えようとすれば、次ページ下のイラストのように、かなり極端な左足上がりの構え方になるが、この場合は、まずザックリやってしまう。

通常の左足上がりのライでは、ボールの右側が低いからヘッドが入れられるが、この場合は足場は左足上がりでも、ライは水平に近い。ヘッドが入る余地がほとんどないのだ。この構えで打てるのは、ボールがラフの角にある場合だけである。

この場合は左足を引き、膝を折って、腰と肩のラインがラフと平行になるように構えるのが正解。ボールを胸の中心にセットし、ボールが高いところにある分だけクラブを短く持つ。

足場が不安定だから、体重移動は抑えて、スイングはコンパクトに。練習すれば、水平なライからと同じように、チップショットもロブショットも打てるようになる。

アドレス

左足を引き、膝を折って、
肩と腰のラインが
ラフと平行になるように構える

・・

傾斜なりに構えると、ボールの右側が
高くなるため、ザックリやりやすい

145

アドレス

ボールは胸の中心。
クラブは短く持つ

インパクト

左肩が上がらないように

トップ

足場は不安定でも、
肩は回す（手上げはNG）

フィニッシュ

曲げた左膝の角度を
キープする

「両足はバンカー＋ボールは膝の高さ」でのショット

距離→エッジまで5ｙ、カップまで15ｙ
グリーンとの高低差→＋0.5ｍ
使用クラブ→ＰＷ

●手首をこねずに身体をターンさせる

この状況で選択したのはＰＷ。ＳＷでは、ボールがつかまりすぎて危険。グリーンに入ってすぐのところにキャリーさせ、そこから転がすにはＰＷが最適だろう。それでもボールは左に出やすいから、カップの右を狙うことだ。

問題は構え方。82ページで紹介したつま先上がりからのアプローチのように、足場もつま先上がりなら、かかと体重になって、ハンドダウン気味になる（手首に角度ができる）。しかし、この場合は足場が水平であるため、グリップの位置が高くなる。それだけヘッドが垂れやすく、ミスが出やすい。

じっさいのスイングでは、最初につくった手首の角度を変えずに、身体を回すことでボールをヒットする。ここで、手首をこねてしまうと、結果としてヘッドが垂れて、ダフってしまう。

難しいライほど器用な手を使いたくなるものだが、手打ちは大きなミスにつながることを肝に銘じてほしい。

 アドレス

スタンス幅はやや広め。
ソールを斜面に合わせる

ボール位置

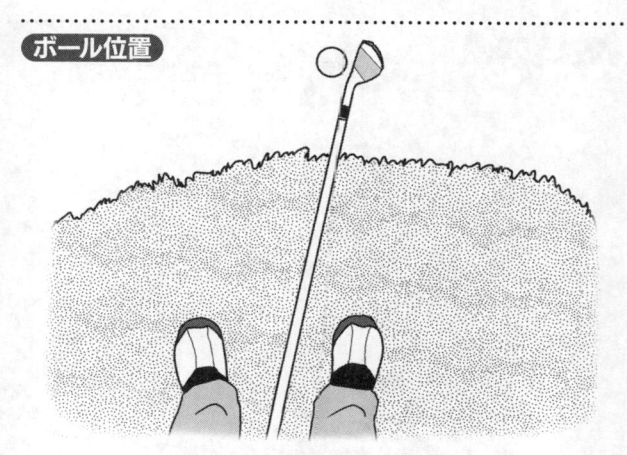

胸の中央よりボール1個分右

アドレス

腕とクラブの角度を
最後までキープすることを
イメージする

インパクト

最初にコンタクト
するのはボール

トップ

手首の角度をキープして
身体を回せば、
ヘッドは垂れない

フィニッシュ

バックスイングと
同じだけ
身体を左に回す

ボールを高く上げたい
ときのショット

ライ→平らなラフ
距離→エッジまで50ｙ、カップまで65ｙ。
　　　25ｙ先に高さ10mの木がある
グリーンとの高低差→０m
使用クラブ→ＳＷ

●10メートルの木越えショット

　ゴルフでボールを上げるのは、基本的にはロフトの仕事だが、この場合は、ボールをかなり高く上げなければならないため、ゴルファー自身が「ボールを上げる構え」をつくる必要がある。

　といっても別に難しいわけではない。10メートルの木を越そうと思えば、誰でも木のてっぺんを見上げるものだが、その〝見上げた姿勢〟をキープしてスイングすればいいのだ。

　使用するのはＳＷ。ボールが上がりやすいよう、ボールを左胸の下にセットすれば、フェイスは開き、スタンスもオープンになる（フェイスを開きすぎるとキャリーが出ないから要注意）。

　こうして木を見上げれば、自然に左肩が上がり、軸は右に傾く。体重も右足体重になるはずだ。あとはその姿勢をキープしてフルスイングするだけ。

　インパクトでは体重が右に残っている。そのあたりはロブショットと同じ感覚でいい。

アドレス

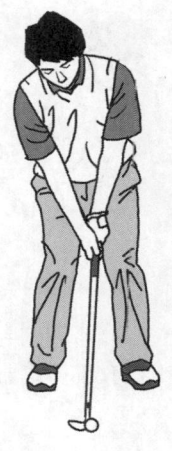

スタンスは広め。
体重配分は左4・右6

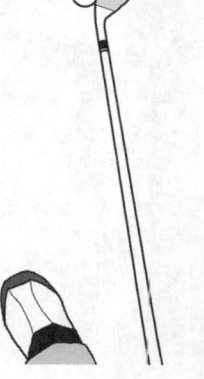

ボール位置

左胸の下

左肩が上がり、
軸は右に傾いている

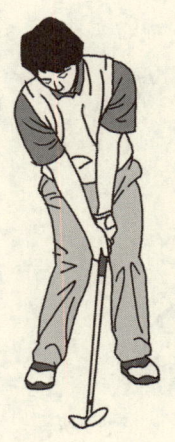

体重は右に
残っている

コックも使った、
フルスイングのトップ

「上げよう」とすると、
必要以上に右肩が
下がりダフる

155

バンカーショット
どんな状況でも大丈夫

まず心得たい 「バンカーショットの基本」

距離→アゴまで5ｙ、エッジまで8ｙ、カップまで18ｙ
アゴの高さ→1ｍ
使用クラブ→ＳＷ

●バンカーショットの距離感

　バンカーショットの打ち方については、「左足体重で打て」「ハンドレイトに構えよ」「アーリーコックせよ」など、さまざまなことが言われてきたが、基本は芝から打つアプローチと同じ。ただ、フェイスを開き、ボールではなく砂を打つために、同じ振り幅でも、バンカーからのキャリーは芝の半分になるということだけを頭に入れておけばいい。

　スタンス幅は、足場を安定させるため、広くなる。フェイスを開くのは、バンスを使って砂を爆発させたいから。フェイスを開いて、リーディングエッジをターゲットに向ければ、必然的に構えはオープンになる。ボールを左胸の下にセットするのは、最下点をボールの手前にして、砂を爆発させるためだ。

　この場合なら、カップの手前3ヤード地点にボールを落としたい。つまりキャリーが15ヤード必要だから、芝からＳＷで30ヤードのピッチショットを打つつもりでスイングする。軌道はスタンスに沿って。ボールを左にセットしているから、打ち込む意識は不要だ。

アドレス

スタンスは広め。
オープンスタンスで、
体重配分は5対5

ボール位置

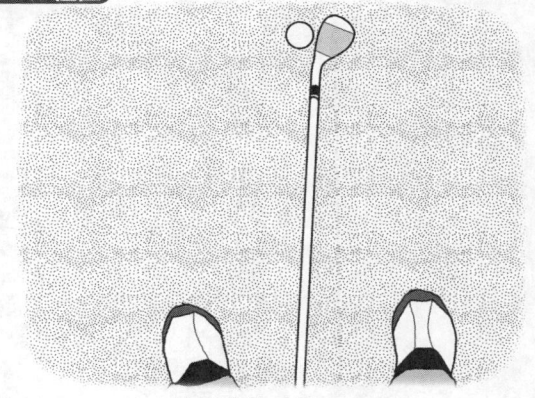

左胸の下

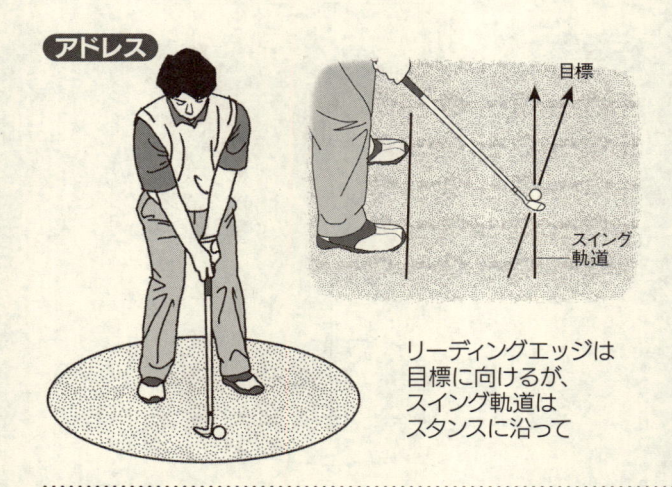

アドレス

目標

スイング軌道

リーディングエッジは
目標に向けるが、
スイング軌道は
スタンスに沿って

インパクト

ボールの手前に
バンスが入る。
打ち込む意識は不要

トップ

30ヤード分の
バックスイング。
ノーコックで
肩を回す

フィニッシュ

バンスが滑って、
ヘッドがきれいに抜ける

「左足上がり」のライからのバンカーショット

距離→アゴまで2y、エッジまで5y、カップまで15y
アゴの高さ→1m
使用クラブ→SW

●左足上がりは、右足体重をキープ

バンカーショットのライが左足上がりになるのは、たいていボールがアゴに近いところにある場合。アゴが近いというだけで、無理やりボールを上げようとしていろんなミスをやらかしてしまう人が多いが、左足上がりのライは自然にボールが上がる。

アゴまで2ヤード、アゴの高さも1メートルというこのケースなら、特別な打ち方をしなくても、簡単にカップに寄せることができる。

構えは、芝での左足上がりのライと基本的には同じ。地面に対して垂直に立つから、軸が右に傾き、右足体重になるが、バンカーの場合は、芝で左4・右6の割合だったものを左3・右7にするのがポイント。それだけ軸が右に傾くわけだ。

これは左足上がりではボールの右側が低いため、しっかり右足体重にしておかないと、ボールを運ぶための砂が十分に取れないから。スタンスやボールの位置は前項と同じで、フィニッシュまで右足体重をキープする。ボールが上がるから、カップをデッドに狙える。

アドレス

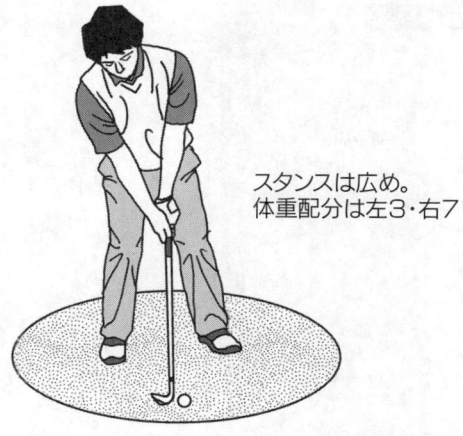

スタンスは広め。
体重配分は左3・右7

ボール位置

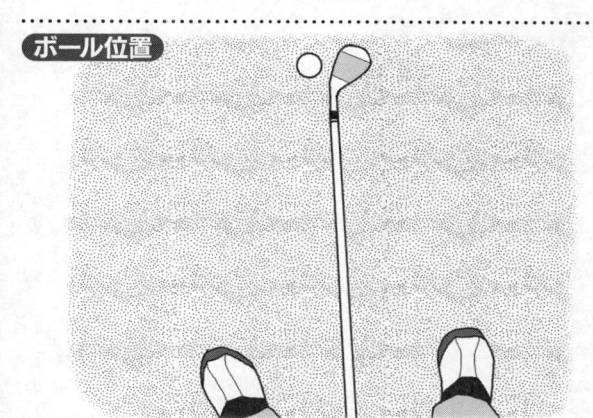

左胸の下。スタンス、フェイスとも、
オープンの度合いは通常より強め

アドレス

通常の左足上がりより、
軸を右に傾ける

インパクト

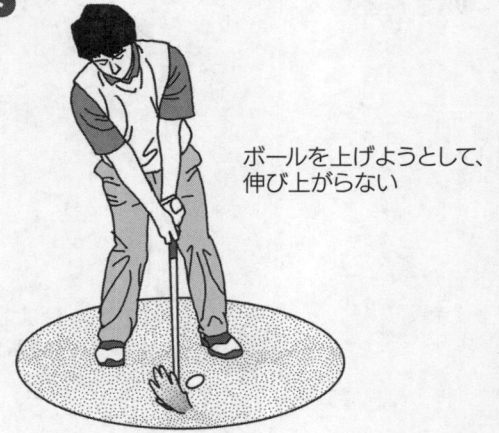

ボールを上げようとして、
伸び上がらない

トップ

少しだけ
コックを使う

フィニッシュ

最後まで右足体重をキープ。
体重が左に移動すると、
クリーンにボールに
ヒットして、ハーフトップの
ホームランになりやすい

「左足下がり」のライからのバンカーショット

距離→アゴまで7y、エッジまで10y、カップまで20y
アゴの高さ→1m
使用クラブ→SW

●ボールを上げられるのは2メートルが限界

左足下がりのバンカーショットは、ボールを上げることが難しいが、このことを過剰に意識すると、大きなミスにつながる。

傾斜なりに立ち、ボールを左胸の下にセットしたら、SWのフェイスを思い切って開こう。これは、左足下がりではボールの右側が高いため、いやでも砂が取れるからだ。SWのフェイスは砂に衝突した勢いで、ロフトが立つ。つまり、フェイスの開き方が足りないと、インパクトでロフトが立ちすぎて、ますますボールが上がらなくなるのだ。

フェイスを開いたら、あとは斜面に沿って、頭の上からヘッドを落としてやるようなイメージでスイングする。ボールを上げようとすると、ダウンスイングで手が先行して、ボールのかなり手前を叩いたり、無理にボールに届かせようとしてホームランになりやすい。

このケースでは、ボールが上げられるのは2メートルまで。それ以上アゴが高ければ、カップ方向に打つのは諦めて、バンカーから出すことだけを考えよう。

スタンスは広く。
体重配分は左7・右3

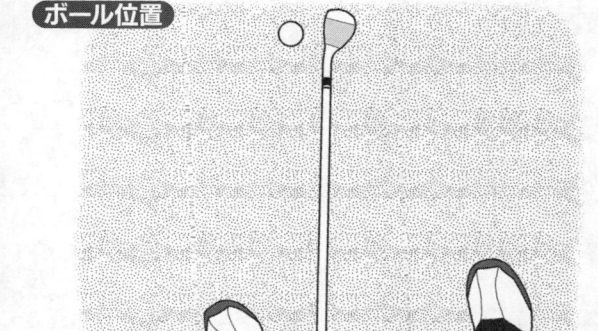

スタンス、フェイスともかなりオープンにし、
ボールは左胸の下にセット

ハンドファーストに
構えやすいが、
それはNG

歯から入れず、
バンスを滑らせる

トップ

コックも使って、
ヘッドは肩より高く

フィニッシュ

最初から左に体重を
乗せている分、切り返しで
体重を左に乗せすぎないこと

「つま先上がり」のライ からのバンカーショット

距離→アゴまで5ｙ、エッジまで8ｙ、カップまで18ｙ
アゴの高さ→1ｍ
使用クラブ→ＳＷ

●斜面なりにヘッドをセットする

つま先上がりのライでは、うまくエクスプロージョンできない人が多い。スイング軌道がフラットになり、上から打ち込むというイメージが持ちにくいからだろうが、「打ち込む」イメージはむしろマイナス。基本を守れば、このライからでも十分にエクスプロージョンは可能だ。

アドレスは芝からのアプローチと同じ。かかと体重に構え、ボールは左胸の下にセットする。フェイスがかなり右を向いているのは、つま先上がりではボールが捕まりやすいからだ。

もっとも大切なのは、ＳＷのソールを斜面にぴたりと沿わせること（じっさいに砂に触れては2打罰）。すると、グリップはややハンドダウン気味になるが、それでOK。グリップ位置を高くして、上から打ち込もうとすると、ヘッドのトゥ側しか砂に入っていかない。これでは十分な砂が取れずボールは出ない、ということになる。コックも一切使わない。身体のターンだけでスイングしよう。

アドレス

かかと体重で、やや腰を落とす

ボール位置

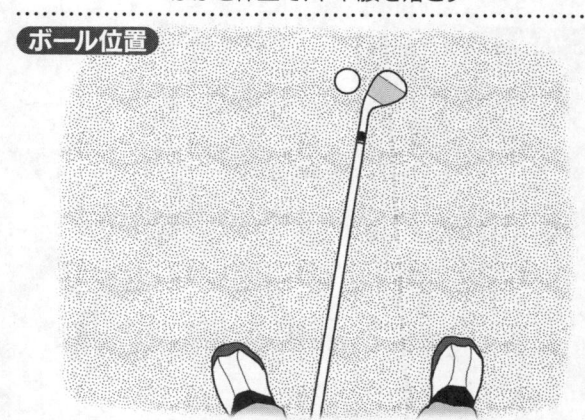

左胸の下。ボールが捕まることを想定して、
フェイスは目標の右に向けておく

アドレス

ソールを斜面にぴたりと沿わせると、ハンドダウン気味になる

インパクト

バンス全体がボールの手前に入るイメージ

172

トップ

コックは一切使わず、身体をターンさせる

フィニッシュ

腰を落とす分、上体を起こして構えているため、
フラットな軌道になる

「つま先下がり」のライ からのバンカーショット

距離→アゴまで5ｙ、エッジまで8ｙ、カップまで18ｙ
アゴの高さ→1ｍ
使用クラブ→ＳＷ

●ハンドアップに構える

つま先下がりからのバンカーショットのポイントは、つま先上がりとは多くの点で真逆になるが、ミスする原因は共通している。

つま先下がりで、ＳＷのソールを斜面に沿わせずにセットすると、インパクトのときヒール側しか砂に入っていかない。そのため、ボールを運び出すために必要な砂が取れず、ボールがバンカーから出ないということになるわけだ。

つま先下がりのライでソールを斜面にぴたりと沿わせれば、グリップはハンドアップ気味になり、ボールとの距離が縮まる。この姿勢からスイングすれば、スイング軌道はアップライトになるが、それでOK。

要は、バンス全体を使って、ボールの手前の砂を取るのがバンカーショットのもっとも肝心なところ。逆に言えば、バンス全体を使って、ボールの手前の砂を取れるようクラブをセットすれば、自ずと構えが決まるといっていい。構えが決まれば、あとはキャリーさせる距離に応じて、身体をターンさせるだけだ。

アドレス

かかと体重で、やや腰高に構える

ボール位置

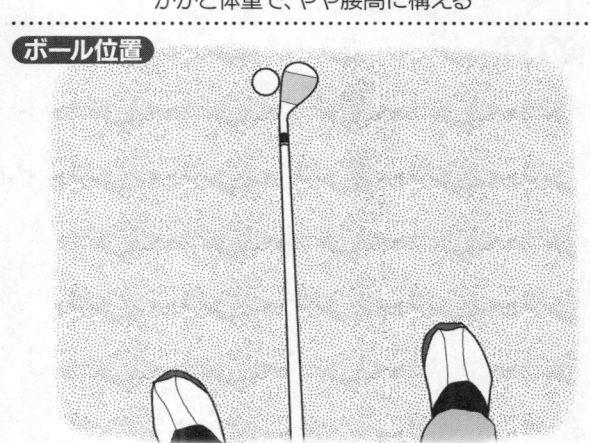

左胸の下。フェイスは開くが、右に向けない

アドレス

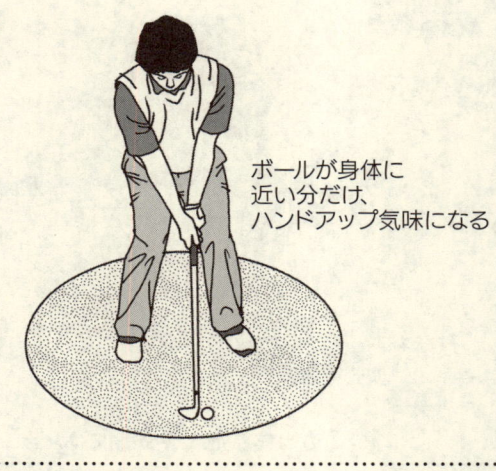

ボールが身体に
近い分だけ、
ハンドアップ気味になる

インパクト

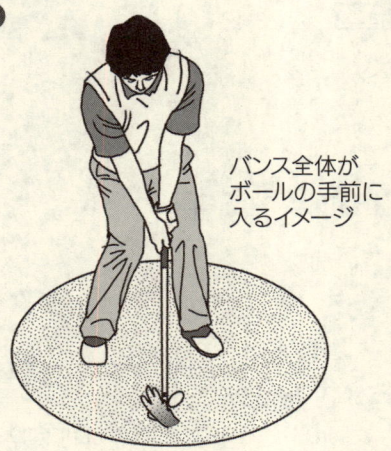

バンス全体が
ボールの手前に
入るイメージ

トップ

ノーコックで、
必要な距離分だけ
肩を回す

フィニッシュ

ボールに近い分だけ、
スイングは
アップライトな軌道になる

高いアゴの近くにボールがある
バンカーショット

距離→アゴまで2y、エッジまで5y、カップまで15y
アゴの高さ→1.5m
使用クラブ→SW

●近くて高いアゴの越え方

自分の目線と同じくらいの高さのアゴが、ボールからわずか2ヤードのところに壁のようにそびえている。

バンカーが苦手な人は絶望的な気分になりそうだが、ボールが上がる構えをつくり、その構えに沿ったスイングさえすれば、ボールはいとも簡単にアゴを越えてくれる。

バンカーショットで〝ボールの高さ〟を出すには、

❶フェイスを開く

❷ヘッドスピードを上げる

のふたつの要素が必要。つまり、高いアゴを越えるためには、オープンスタンスの度合いを強くして、大きなスイングをすればいい。

さらにもうひとつの工夫として、重心を下げる（腰を落とす）。

そうすると、ヘッドがボールの7〜8センチ後ろから入ることになり、より多くの砂が取れる。つまり、ボールを高く上げる力がより強くなり、高いアゴも楽々と越えるというわけである。

アドレス

スタンスは広く取り、重心を下げる。体重配分は左右均等

ボール位置

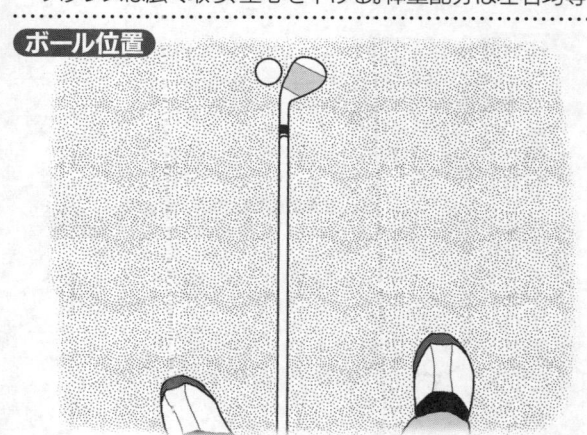

左胸の下。フェイスを開いて、オープンに構える

スタンスに沿ってバックスイングする。
カット軌道に見えるが、スタンスに対してはスクエアだ

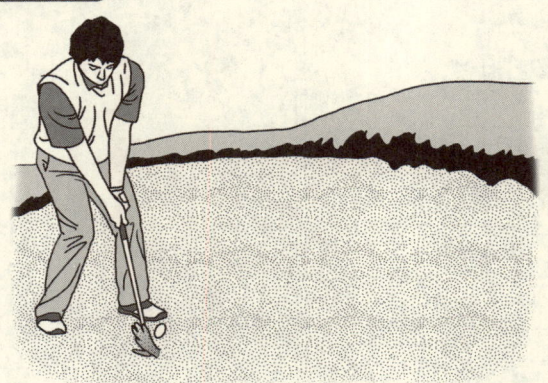

バンスの入れどころは、ボールの7〜8センチ後ろ

トップ

コックも使って、大きなバックスイングを

フィニッシュ

最後まで体重は左右均等

アゴの途中にボールがある
バンカーショット

距離→アゴまで1ｙ、エッジまで3ｙ、カップまで10ｙ
アゴの高さ→1ｍ
使用クラブ→ＳＷ

●右膝を折って、しっかり砂を取る

バンカーのアゴに向かって上り傾斜のライに止まっているボール。かなりの左足上がりのライだ。

いかにも難しそうなバンカーショットだが、構えをしっかりつくって、バランスを崩さなければ、左足上がりなだけに簡単にボールは上がって、バンカーから脱出できる。

その構えだが、基本通り斜面に対して垂直に立つ。この場合は、かなりの急傾斜だから、軸はかなり右に傾き、体重配分も左１・右９くらいになる。

また、このライでは、ボールの右が低いため、ボールを飛ばすだけの砂が取りにくい。そこで、右膝を少し曲げることで、砂が多く取れるようにしておく。

この構えができれば、あとは斜面なりにスイングするだけだ。ボールは左胸の下。いかにもボールを上げようとしているスイングに見えるかもしれないが、実際は傾斜に対してふつうにスイングしているだけだ。

ボールは高く上がるから、キャリーを出すにはそれなりの大きなスイングが必要になる。

アドレス

傾斜に対して垂直に立つ。体重配分は左1・右9

ボール位置

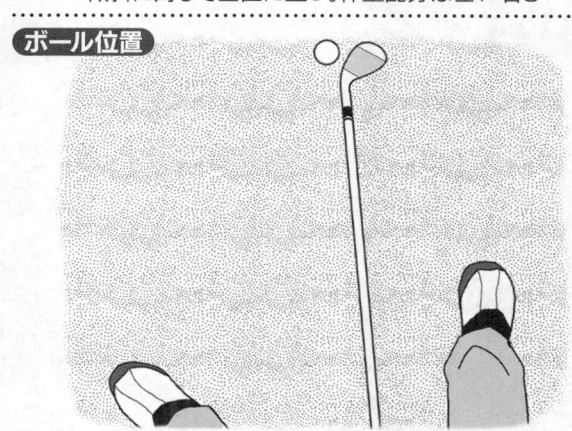

左胸の下。ややオープンに構える

右膝を少し曲げて、しっかり
砂が取れるようにしておく

インパクト

このライでは歯から入り
やすいから要注意。
あくまでバンスをボールの
右下から左上に向かって
滑らせるイメージで

トップ

この場合は、キャリー12ヤードを想定。コックも使って大きなバックスイングにしている

フィニッシュ

体重が右に残る〝明治の大砲〟になっても可

「低いアゴを越し、飛ばさない」バンカーショット

距離→アゴまで1ｙ、エッジまで2ｙ、カップまで7ｙ
アゴの高さ→20cm
使用クラブ→ＳＷ

●アゴもないのに、なぜ出ない?

アゴの高さはわずか20センチ。ただし、カップに寄せるためには、3ヤードしか飛ばせない。

この〝ボールを飛ばさないバンカーショット〟を苦手にしている人は意外に多い。飛ばすまいとしてインパクトが緩（ゆる）んでチョロ（もう一度バンカー）。緩んではいけないと戒（いまし）めてホームラン……。パターを使ったほうがマシなほどだが、ここでは〝ちゃんとスイングはしても、飛ばない打ち方〟を紹介しよう。

まずフェイスを開く。が、エクスプロージョンでボールを出すためには、そこそこ振らないと砂が爆発してくれない。問題は、〝そこそこ〟の程度。キャリーが3ヤードなら、振り幅は膝の高さまでで十分。そのスイング幅で、ゆっくり振る。コックは不要。グリップがつねに身体の正面にあることを意識して、ヘッドが膝の高さにくるまで肩を回してやる。

小さなスイングだと、つい手を使いたくなるが、それではハンドファーストのインパクトになり、チョロもホームランも出てしまう。

アドレス

飛ばす距離のわりには
スタンスは広く。
体重配分は左右均等

ボール位置

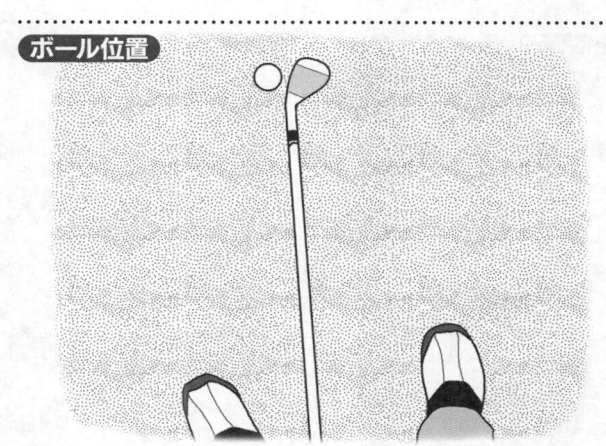

左胸の下。ややオープンに構える

アドレス

フェイスを開きすぎると、
ダルマ落としになる

インパクト

バックスイングとダウン
スイングのテンポは同じ

トップ

コック不要。
グリップはつねに
身体の正面にあり、
肩を必要なだけ回す

フィニッシュ

フォローは小さくても、
ヘッドはしっかり抜けている

"クレーター型の目玉"の バンカーショット

距離→アゴまで5y、エッジまで8y、カップまで18y
アゴの高さ→1m
使用クラブ→SW

●クレーターごと砂を取る方法

ライを見た瞬間、ため息が出る"目玉"。しかし、その"目玉"がクレーター型なら、それほど悲観する必要はない。

このタイプの"目玉"はクレーターごと砂を取れば、意外なほど簡単にバンカーから脱出できる。要は、通常よりボールの後方（クレーターの外側）にバンスを入れ、深く、たくさんの砂を取ればいい。

この場合、ヘッドの最下点はクレーターの外側の部分になる。つまり、ボールの位置は胸の中心より2個分くらい左。さらに、ヘッドがふつうのバンカーショットより深くボールの下に潜るよう重心を落とす。

これで準備はOK。あとは、コックも使って通常のバンカーショットより大きな振り幅でスイングすればいい。

"目玉"というと、リーディングエッジをボールの下に入れようとして、上から鋭角的に振り下ろす人が多いが、それではヘッドが砂に潜るだけで、砂の爆発が起きない。これではボールは出ないのだ。

やややオープンに構え、
フェイスもやや開く

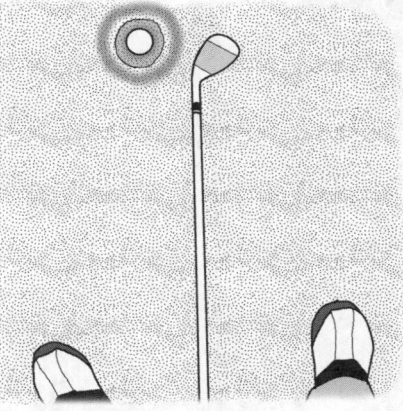

胸の中心よりボール2個分左

ヘッドの最下点を
深くするため、
両膝を少し曲げて
重心を下げる

ヘッドを打ち込む
のではなく、
クレーターごと
砂とボールを
運び出すイメージ

トップ

キャリー10ヤードを
想定しているが、
スイングの大きさは
ふつうのバンカー
ショットの2倍

フィニッシュ

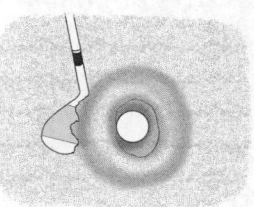

打ち込んでいないから、
ヘッドはきれいに抜ける

クレーター部分の砂に
ヘッドを入れることで、
その砂がボールを
持ち上げてくれる

"スッポリ型の目玉"の バンカーショット

距離→アゴまで5y、エッジまで8y、カップまで18y
アゴの高さ→1m
使用クラブ→SW

●歯を鋭角的に入れつつ、ヘッドを抜く

同じ "目玉" でも、やっかいなのがこちら。砂にすっぽり埋まっている目玉である。

クレーター型は、ボールの後ろに盛り上がっている砂があり、その砂の下にヘッドを入れることで砂といっしょにボールを運び出すことができた。

しかし、"スッポリ型の目玉" は、ボールの後ろにそういう砂がない。そのため、まずはボールの下にヘッドを潜り込ませ、なおかつボールの下にある砂を爆発させてやる必要がある。

ヘッドを鋭角的に入れて、なおかつ押し込むためには、アドレスは左足体重にして、軸は少し左に傾けるくらいのイメージでいい。SWのフェイスは、歯がボールの下に潜り込みやすいよう、閉じ気味になる。

ただ、打ち込む意識だけが強いと、インパクトで手が先行して、ヘッドが刺さるだけ。これでは砂の爆発が起こらないからボールは出ない。

ヘッドを打ち込んだら、砂の抵抗に負けないよう、身体の回転も使ってヘッドをさらに押し込もう。

アドレス

スタンスの向きは、
ほぼスクエア。
体重配分は左6・右4

ボール位置

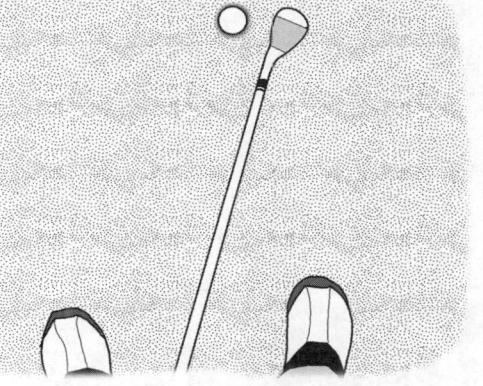

胸の中心。フェイスは閉じ気味

アドレス

左足体重になる分だけ、
軸がやや左に傾く
イメージ

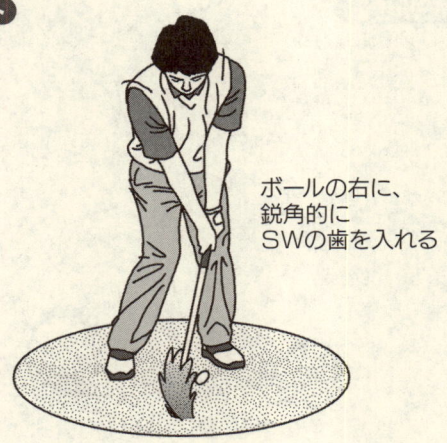

インパクト

ボールの右に、
鋭角的に
SWの歯を入れる

トップ

左足体重をキープ。
コックを使って
鋭角的にクラブを
上げる

フィニッシュ

"入れて終わり"ではなく、
砂の抵抗に負けないで
ヘッドを押し込む

「左足上がり＋〝スッポリ型目玉〟」の バンカーショット

距離→アゴまで1ｙ、エッジまで4ｙ、カップまで14ｙ
アゴの高さ→70cm
使用クラブ→ＳＷ

●ＳＷの歯をボールの下に突き刺す

グリーンを狙ったショットが、手前のバンカーの壁に突き刺さる。ときにはボールの頭が見えないほど、深く砂にめり込んでいることもある。

我が身の不運を呪いたくなるところだが、そう悲観する必要はない。じつは前項の平らなライのスッポリ型目玉より、左足上がりの分だけボールが上がりやすいからだ。

このライでも、ふつうの打ち方ではボールの下の砂を爆発させることはできないから、ＳＷの歯をボールの手前に打ち込む。それには、斜面なりに立つのではなく、イラストのように左膝を折って、真っ直ぐに立つ。足場が不安定なので、とくに右足の足場はしっかり固めておくこと。

ヘッドの最下点はボールの数センチ下で、そこが胸の中心になるようアドレスする。あとはその最下点に向かって歯を打ち込むだけ。フォローは取れない。ドンと打ち込めば、砂が爆発して、ボールをバンカーの外に運んでくれる。

アドレス

胸の中心の真下が
最下点になるよう
足場を固める

ボール位置

胸の中心よりボール1個分左。スタンスの向き、
フェイスの向きとも、飛球線にほぼスクエア

アドレス

左腕とクラブが一直線

インパクト

身体が動いていなければ、
狙った所に歯が入るはず

トップ

足場が不安定なので、
手打ちのイメージでもOK

フィニッシュ

ヘッドは抜けない。むしろ
インパクトと同時にヘッドを
引いてやると、ムチの原理で
ヘッドがより深く砂に入る

「バックスイングが取れない」
バンカーショット

距離→アゴまで8 y、エッジまで11 y、カップまで21 y
アゴの高さ→1 m
使用クラブ→SW

●コックを使った手打ち

　この本で解説したバンカーショットのなかでは難度がもっとも高い。なにせ、ボールの右がすぐバンカーの縁（ふち）で通常のバックスイングが取れないのだから。

　どうするか？　通常ではダメなのだから、異常なやり方を選択するしかない。

　スタンスの向きをいろいろ変え、コックも使って、バックスイングでヘッドがバンカーの縁に触（ふ）れることなく上がるルートを探すのである。

　この場合は、タテのコックを使ってクラブを鋭角的に上げ、大根切りのように打てば、なんとかカップ方向に打ち出すことができたが、場合によっては、あさっての方向に出さざるをえないこともあることを覚悟しよう。

　バックスイングは〝手上げ〟でダウンスイングは〝手打ち〟。手を使ってV字軌道を描（えが）く感じだが、インパクトからフィニッシュにかけては身体を回してやろう。それだけでもボールを前に運ぶことに貢献できるし、手首にかかる負荷（ふか）を軽くすることにもなる。

右足はバンカーの外。
右膝を折って、
左足で身体を支える

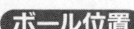

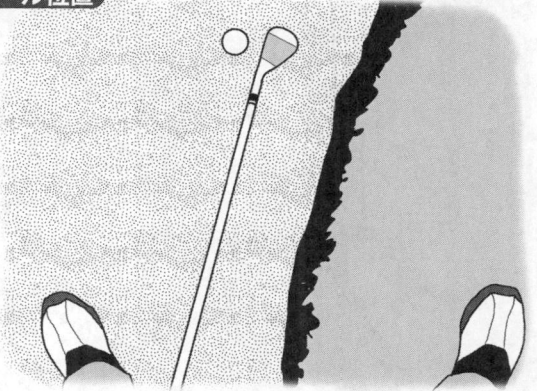

胸の中心よりボール1個分左

アドレス

身体の向きを
いろいろ変えて、
打てる向きを探す

インパクト

ダウンスイングは
大根切りだが、
インパクトの瞬間は
アドレスと同じ姿勢に戻る

肩は回せない。
タテのコックを使って、
クラブを鋭角的に上げる

身体を回すことで、
ヘッドを逃がすイメージ

「砂が湿っている」場所での バンカーショット

距離→アゴまで5ｙ、エッジまで8ｙ、カップまで18ｙ
アゴの高さ→1ｍ
使用クラブ→ＳＷ

●砂の質と量を見抜く法

　バンカーの砂質は、コースによっても、天気によっても違ってくる。さらに、コースによって砂の量も違うし、同じコースでも砂の多いバンカーと少ないバンカーがあったりもする。

　バンカーショットを成功させるためには、砂質や湿度、砂の量を見極めることが重要。とくに初めてのコースでは、バンカーに入ったら、スパイクの裏で砂の状態を見極めることだ。

　というわけで、まずは「湿った砂」だが、これは湿り具合と砂の量によって、難度がかなり違う。

　いちばん簡単なのは、雨の降り始めや雨があがってしばらくたったときの、砂の量が多いバンカー。砂が締まり、重くなっているので、通常より小さなバックスイング（取る砂の量が少なくなる）でも思った通りのキャリーが出せる。

　やっかいなのは、たっぷり雨水を含み、しかも砂の少ないバンカーで、これは後述するように、ふつうの打ち方ではバンスが弾かれるから要注意だ。

アドレス

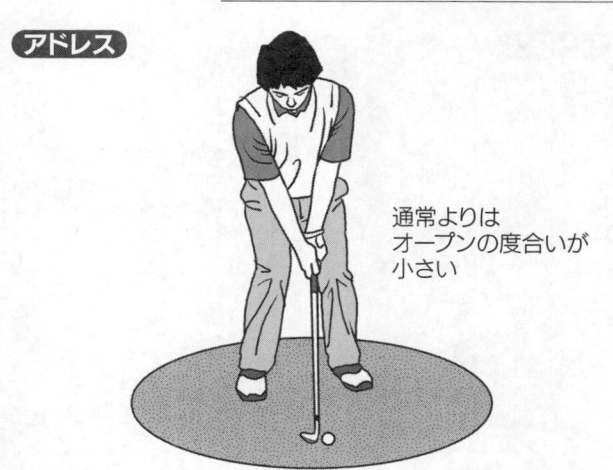

通常よりは
オープンの度合いが
小さい

ボール位置

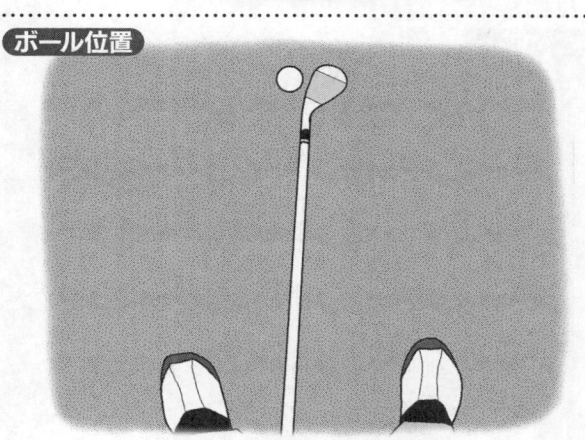

胸の中心よりボール1個分左

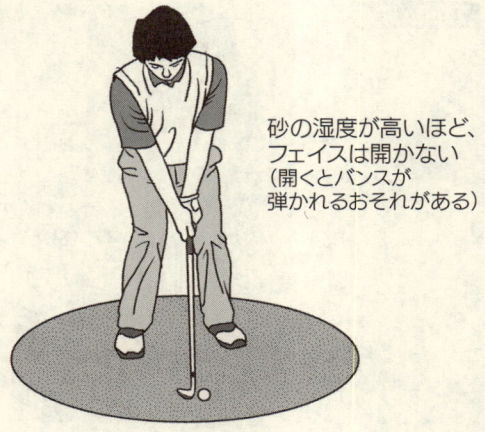

砂の湿度が高いほど、
フェイスは開かない
（開くとバンスが
弾かれるおそれがある）

インパクト

砂が少ないときは
バンスではなく、
歯から入れるイメージ

トップ

通常のバックスイングの
3割減の大きさ

フィニッシュ

バックスイング同様
コンパクトに

「砂がふわふわ」な場所での バンカーショット

距離→アゴまで5y、エッジまで8y、カップまで18y
アゴの高さ→1m
使用クラブ→SW

●ふわふわの砂が難しい理由

バンカーショットで難しいのは「ふわふわで軽い砂」の場合。この手の砂は、エクスプロージョンさせても、砂にまとまりがなく〝重さ〟もないから、ボールが思ったように飛んでくれないのだ。

つまり、この手の砂から打つときは、ふだんより砂をたくさん取る必要があるということだ。

アドレスでは、SWのフェイスを開く。これはバンスを最大限に利用して、たくさん砂を取るため。また、この手の砂でSWの歯から入れてしまうと、砂が軽いため、歯がどんどん潜っていくだけで、砂が爆発しない。これも、ふわふわの砂ではSWのフェイスを開く理由だ。

アドレスは、フェイスを開くから、かなりのオープンスタンスになる。

打ち方は178ページで紹介した「アゴを越えるために高いボールを打つ」場合とほぼ同じ。コックを使った大きなバックスイングで、思い切って砂を飛ばすことだ。

アドレス

スタンスもフェイスも
オープンに

ボール位置

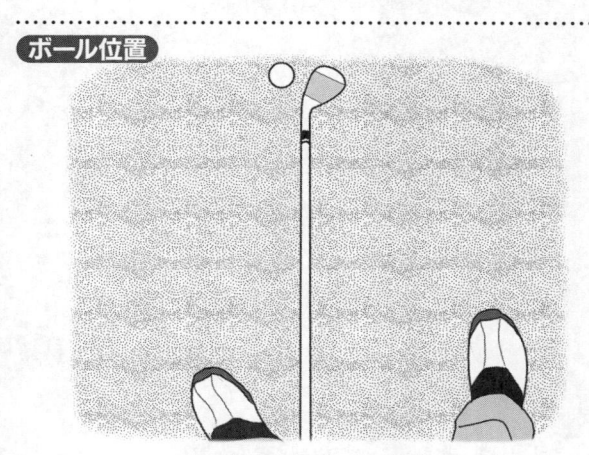

胸の中心よりボール1個分左

アドレス
スイングが大きくなる
分だけ、スタンス幅は
広くなる

トップ
コックも使った
大きめのバックスイング

インパクト
「打ち込む」のではなく
「振り抜く」ことを意識

フィニッシュ
しっかり砂を取るために、
最後までクラブを振り抜く

インパクトは、
ボールの手前に
バンスを落とす
イメージ

NGなインパクト

「打ち込もう」とすると、
ハンドファーストの
インパクトになり、
ヘッドが砂に
潜ってしまう

「ほとんど砂がない」場所での バンカーショット

距離→アゴまで5ｙ、エッジまで8ｙ、カップまで18ｙ
アゴの高さ→1ｍ
使用クラブ→ＳＷ

●通常より軽く打つ

バンカーのなかには、砂がひじょうに少なく、砂の厚みが1センチほど、その下は硬い土、というところも珍しくない。

こうしたバンカーからふつうの打ち方、つまり少しＳＷのフェイスを開いて打つと、十中八九、バンスが弾かれて、トップしてしまう。

そこで、バンスを弾かれまいと、目一杯の力でヘッドを打ち込もうとしているゴルファーもいるわけだが、相手は硬い土。まず返り討ちにあってしまう。

砂の少ないバンカーでは、最初からバンスが弾かれることを想定して、むしろ軽くスイングすることだ。

ただ、難しいのは、ヘッドの落とし所が、ボールの手前1〜2センチに限定されるということ。それよりボールの後ろに落ちると、弾かれたヘッドが直接ボールに当たりトップしてしまう。

ヘッドが弾かれないようバンスの小さなＡＷを使う手もあるが、狙った所にヘッドが落とせる自信があれば、ＳＷのほうが確実にピンに寄せられる。

アドレス

ほんの少しだけ
オープンスタンス。
フェイスは開かない

ボール位置

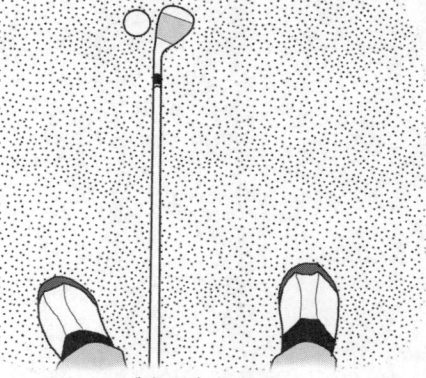

ほぼ胸の中心

アドレス

「コンパクトな
スイングはするが、
それでもバンスが
弾かれる」という
心の準備をしておく

・・

インパクト

やさしく、ゆっくり、
でも緩まず

トップ

ノーコックで、
3割減の
バックスイング

フィニッシュ

手より
ヘッドが
先行する

NGなインパクト

「打ち込む」意識が強いと、
ヘッドより手が先行して、
ダフリ・トップが出る

アプローチの賢いマネジメント術

●"最悪のケース"だけは避ける狙い方とは?

この本の最初で、アプローチを成功させるためには「ライの観察」と「成功イメージを持つこと」が大切だと述べた。しかし、じつはもうひとつだけ、じっさいにショットに入る前に頭を使わなければならないことがある。

それは、アプローチショットをミスしたとしても、"最悪のケース"だけは避けられるような狙い方をする、ということである。

たとえば、上り傾斜のグリーンで、カップを5ヤードオーバーすると、すぐに逆目のラフというホールがあったとする。

この場合の"最悪のケース"は、カップをオーバーして、その逆目のラフに入れてしまうこと。そうなれば、次のアプローチも寄らず、最初のアプローチも入れると、カップインまで4打以上必要になってしまう。

アプローチの理想は、3打以内でホールアウトすること。そのためには、思ったほどカップには寄らなかったとしても、次の一打がまずカップには寄りそうもないところにだけは、絶対に打たないことが大切にな

るというわけだ。

そのためには、一にも二にも、グリーン周りをよく観察して、危険なゾーンを見抜き、そこだけは避けるような狙い方が大切になることはいうまでもない。

先の例で言えば、少しくらいショートしても、カップの手前にボールを止め、上りのパットが残るようにするのがセオリーになる。

プロゴルファーは、グリーンを狙う際、左足下がりの深いラフに外すくらいなら、バンカーのほうがいいと、バンカーに入ることを折り込み済みにして2打目を打つことがあるが、アプローチについても、まったく同じことが言えるわけだ。

●もっともリスクの少ない打ち方を選ぶ

もうひとつ、頭は、打ち方を選択するときも使わなければならない。

基本は「もっともリスクの少ない打ち方を選ぶ」ということ。「リスクが少ない打ち方」とは、「ベタピンには寄らないまでも、確実に2パットで終えられる打ち方」のことである。

アプローチの打ち方を簡単な順からいうと、ふつうは、❶チップショット、❷ピッチショット、❸"ちょいロブ"、❹低くスピンの効いたボール、❺スーパーロブになる。

これに、ボールのライやグリーンまでの距離、グリーンの傾斜などを考慮して、もっともリスクの少ない打ち方を選ぶ。

　アプローチというと、誰もが〝寄せワン〟を狙う。状況によってはチップインを狙うことだってある。

　もちろん、それもゴルフの大きな醍醐味であることは否定しないし、チップインさせるくらいのつもりがないと、打ち方のイメージが出ないというのもよくわかる。

　しかし、〝寄せワン〟やチップインを狙うために、10回に1回しか成功しないような難度の高い打ち方に挑戦するのは、スコアメイクという点では落第というしかない。難度の高い打ち方は、徹底的に練習をして、自分なりに難度を下げてから実戦で使うべきなのだ。

　また、難度の高い打ち方をやろうとすると、自分で自分にプレッシャーをかけることになり、結果として、身体がうまく動かずミスをしてしまうこともよくある。

　まずは、あなたにとってもっともリスクの少ない打ち方を徹底的に練習することだ。それがＰＷでのチップショットなら、キャリーさせる距離を1ヤードから6〜7ヤードまで1ヤード刻みで打ち分けられるようになるまで練習する。そうなれば、カップまで5〜20ヤードくらいの距離に対応できる。

　あとは、クラブを変えて同じ打ち方をすれば、対応

できる幅は、30〜40ヤードまで広がる。

そう、チップショットだけでも、かなりのアプローチに対処できるのだ。これに、ピッチショットも加えれば、スーパーロブなどの難度の高いショットに頼らずとも、ほとんどのアプローチショットがなんとかなることがおわかりだろう。

必要以上に難しいことはしない――これはアプローチの奥義のひとつといっていい。

● "タテの距離感"を徹底的に磨く

距離の短いアプローチでは、ふつうのショットのように、ボールがスライスしたり、フックしたりすることはまずない。

ザックリやトップを除けば、ミスの多くはショートかオーバー。つまり距離感のミスである。逆に言えば、アプローチでは距離感さえ合っていれば大きなミスにならない――どころか、ベタピンに寄る可能性が高くなるのだ。

タテの距離感は、パターと同じでゴルファーが自分でつかむしかないが、ひとつだけ言えるのは"手打ち"では、なかなか距離感が安定しないということ。

1章でも述べたように、距離感は手先ではなく身体の中につくるべき。具体的には肩の回し具合でつくるのである。

もうひとつ、タテの距離感は低いボールのほうがイメージが出やすいから、ピッチショットでも、できるだけボールを上げないような打ち方をマスターしてほしい。

　念のために言っておくと、ここでいう「距離感」とは、あくまでキャリーの距離のことをいっている。ランまで含めた距離を「距離感」にしてしまうと、アプローチでもっとも大切な「落とし所」までの距離、すなわちキャリーの距離感がアバウトになってしまうからだ。

●リズムとテンポを大切に

　ゴルフのスイングは、よく振り子にたとえられるが、アプローチはそのことがよく実感できるはずだ。

　クラブの振り幅が小さく、バックスイングとフォローが基本的に左右対称になるため、スイング＝振り子ということがイメージしやすいのだ。

　振り子は、いつも同じリズム、同じテンポで動いている。ゴルフのアプローチでも、それは同じであるべき。ついでに言えば、振り子のヒモがつねにピンと伸びているように、ゴルフのスイングでもバックスイングでは左腕、フォローでは右腕が伸びていなければならない。

　アプローチショットを打つときは、この振り子のイ

メージを思い出そう。

打ち急がず、手を使わず、肩と両腕でできた三角形を振り子だとイメージして、一定のリズムで、ヘッドをスイングさせてやる。

アドレスの構えとボールの位置が正しく、イメージ通りにヘッドが最下点に到達すれば、ヘッドは確実にボールをヒットし、そのあとにボールの先の芝を少し削る。

すると、ボールにはスピンがかかり、ヘッドスピードとほぼ等速で空中に飛び出す。

そして、イメージした通りの場所に落ち、ピンに向かって転がっていく——。

そんな映像が鮮明に浮かべば、もうそのアプローチは成功したも同然である。

アプローチが上手くなると、グリーンを外すのが怖くなくなる。いや、むしろ楽しくなる。

そうなればあなたは、きっと実感するはずである。

これぞ、アマチュアゴルフの神髄だということを。

そんな日が一日も早く訪れることを祈っている。

KAWADE夢文庫

図解ハンドブック版
アプローチ
きちっと寄る絶対法則

二〇一五年五月一日　初版発行

著　者………ライフ・エキスパート［編］

企画・編集………夢の設計社
東京都新宿区山吹町二六一〒162
☎〇三-三二六七-七八五一（編集）0801

発行者………小野寺優

発行所………河出書房新社
東京都渋谷区千駄ヶ谷二-三二-二〒151
☎〇三-三四〇四-一二〇一（営業）0051
http://www.kawade.co.jp/

組　版………アルファヴィル

印刷・製本………中央精版印刷株式会社

装　幀………川上成夫

Printed in Japan ISBN978-4-309-49918-5